JN069619

発達が気になる子の子育てモヤモヤ解消ヒントブック

社会の中で生きるちから編

NPO法人全国LD親の会●編著
安住ゆう子●監修

かもがわ出版

子育てに悩んだ時、開いてみてください

息子が小学生の時のことです。野生動物のテレビ番組を見ていて、「ヒトの社会は弱肉強食じゃなくてよかったよ」と言ったのです。

その頃、息子の学校生活や学習のことで多くの心配ごとを抱えていました。「うちの子は、厳しい社会の中でやっていけるだろうか」「社会の荒波に飲み込まれてしまうのではないか」と、息子の将来について悩んでいました。息子に対しても、「社会に出てやっていけないと困るでしょ」といったことばがけが多くなっていました。

息子の行動やことばが勘違いされ、周囲から非難されることが続き、当然、息子自身も周囲に対して不安だらけ、不満だらけだろうと思っていただけに、息子のこのひとことにとても驚きました。

息子は「自分の生きている社会は捨てたものじゃない」と思っている。そして、社会の中で生きていくには、まず、自分の生きている社会に肯定感をもつことが必要だと思ったのです。厳しい社会、社会の荒波、味方のいない社会、誰も助けてくれない社会。親がそんなことばかり教えていてはいけない。あなたの行動を見て理解してくれる人がいる。困った時には助けてくれる人がいる。息子にはそう信じてほしいと思いました。

今、学校教育でも「確かな学力」「豊かな人間性」「健康・体力」という「知・徳・体のバランスがとれた力（生きる力）」を育てる取り組みが始まっています。こういった生きる力を育むには、まず「希望をもてる社会に生きている」という実感が必要でしょう。抱いた夢がかなわないこと、挫折を経験することもあるはずです。そんな時も、辛さや悔しさだけでなく自

分を気にかけてくれた人たちの優しさや社会の温かさも混ぜ込んで、気持ちに折り合いをつけ、次のステップへと進んでほしいものです。

「社会の中で生きるちから」を育むためには、まず「この社会はなかなか良いものだよ」と伝えたい。そんな視点で、「ちょっと外に目を向けてごらん、あなたのまわりにはワクワクすることがたくさんある」「勇気を出して自分の世界を広げていこう」そして、「失敗したって、いつでも、何回もやり直せる」といったエピソードを集めました。子どもの自立に向けて何ができるのか、日々の子育てのヒントを拾っていただければと思います。

2023年１月

もくじ

解説

この本は、子育てがなかなかうまくいかないなと感じた時、その背景を「発達特性」という視点でとらえ、特性に合わせたかかわり方のヒントを提案しています。実際に悩みながら子育てをしてきたお母さんお父さんのこうしてみた！ こうすればよかった！がたくさん盛り込まれています。

ここでいう「発達特性」をもつ子とは、ADHDやASD、LDなどの発達障害の診断をもつ子だけに限らず、脳の情報処理の仕方がユニークなために、多数派の（一般的な）習得の仕方がなじまない子どもたちも含めています。

「社会の中で生きるちから編」の中で特に知っておきたいお家の方のかかわり方について以下に述べます。

『りゆうがあります』

絵本作家ヨシタケシンスケさんの作品のタイトルにもなっていますが、「お散歩を嫌がる」のも、「家族旅行を楽しめない」のも、「夢をもてない」のも何らかの「理由があります」。「生活の基礎づくり編」「集団の生活編」でも書かせてもらいましたが、発達特性から見ると、その理由として感覚や運動機能の特異性（見えるもの、聞こえるもの、地に足をつけた感覚、におい、風などが刺激的すぎたり、しっくりこない）、情報を読み取り統合する認知能力（聞いたことや見たことを理解し表現する力）の弱さや偏り、実行機能力（わかっていてもどのように計画したりアレンジしたらいいかを考えて、ちょうどいい加減にコントロールしてやってみる力）の弱さ、状況や他者をイメージすることの苦手さ、持続力や耐性力の弱さ、成功体験の少なさなどが考えられます。そんな理由を子どもたちがヨシタケシンスケさんの絵本に出てくる男の子のようにじょうぜつに話してくれればよいのですが、なかなかうまくは説明できません。ですので、まずお子さんをじっくり観察して理由の糸口を見つけましょう。家族で考え、日々接してくれている人にも尋ねてみましょう。それでもわからなければ、信頼できる専門家に相談することも大切です。糸口が見つかれば対処法も見えてきます。

おとなの常識や価値感を見直し、
その子なりの時期ややり方を考える

「一緒に買い物に行って社会経験を豊かにする」「自分のことは自分でする」、いずれも子どもの健全な成長や自立には大切なことでしょう。しかし目の前のわが子がスーパーで片時もじっとしていられないとしたらどうでしょうか。また「自分で！　自分で！」が弱い子どももいます。ちいさい時は言うことを聞く素直な子と思えるかもしれませんが、年齢が上がってもそのままでは心配ですね。どちらの子どもも成人するまでには自分で買い物ができ、自分から行動できるようになってもらいたいものです。そのためには今はネットショッピングや休日のまとめ買いだけれど、約束が理解できるようになったら、ちいさなお店での短時間の買い物にチャレンジしてみようとか、一つひとつ指示を出していたのを「着替えが終わったら教えてね」とまとめて言うようにしたり、「次は何だったかな？」と考えてもらうようにするなどのかかわりの変更や工夫が大切だと思います。苦手さを回避する便利グッズ（代替手段といいます）の活用もいいですし、苦手なことをクリアできるようにハードルをぐっと下げて成功体験をもたせることも大切です。かかわるおとなは「ねばならぬ」から一歩離れて、「押してもだめなら引いてみな、それでもだめなら横にスライド、はたまただめなら上に上げてみ、やっぱりだめなら今はお休み」くらいの柔軟さをもちたいものです。

レジリエンスという考え

レジリエンスという考え方があります。日本語では「回復力」「弾力性」または「折れない力」と訳されます。1970年代に、貧困や親との離別などの深刻なストレスにさらされた子どもたちを追跡調査し、その後、良好な成長をとげたケースには共通点があったことから研究が重ねられました。研究によるとストレスがかかった時に心の枝が大きくしなっても元に戻れるためには「十分な自尊心（自分ならできるはず、これで大丈夫と思える気持ち)」、「感情のコントロール」「自己効力感（自分はできるようになっている、以前より成長しているという気持ち)」「楽観性や気分をそらす力（まっいいか、次があるさという気持ち)」「人間関係（あの時も大変だったけど、乗り越えられたよ、あの時はああやってうまくいったねと言ってくれる人の存在)」が大切とのことです。この本にはレジリエンスを育てる具体的な方法が数多く紹介されています。社会の中で生きていくこととストレスを感じることは表裏一体でしょう。しかし、それ以上のたくさんの実りをその子その子のペースやタイミングで得られるということを信じて、子どもたちを社会に送り出したいものです。

安住ゆう子

第1章

社会とかかわる第一歩

～散歩や外遊びを楽しむために～

「子どもが歩けるようになったら、いっぱい外遊びをしよう！」と楽しみにしていた方も多いのではないでしょうか。屋外でいっぱい遊ぶとぐっすり眠れ、子どもの体力づくりにも役立ちます。交通ルールなど、社会の中で守らなければいけないことも学べます。反面、「走りまわって大変！」「言うことを聞いてくれない」など、対応に困ることも起きてきます。

外遊びが好きで活発な子、好奇心旺盛ではじめてのことに興味をもつ子。散歩や外遊びは、子どもが自分の世界を広げていく第一歩です。子どもは、はじめて見るもの、聞くもの、触れるもの、感じるものに好奇心をもち、興味・関心を広げ、「何だろう？」「何でだろう？」と考える力をつけていきます。焦らず、ゆっくり、子どもとの時間を楽しみたいですね。

1-1

外出などを怖がる

もやもやエピソード

　家の中では走りまわっていますが、外に出て自分で歩くことが怖いのか嫌がります。３歳に近くなってもベビーカーで移動しています。ベビーカーで連れ出して公園で降ろそうとしても、泣いて抵抗します。からだも大きいので、全身で抵抗されるとどうしようもなく、外遊びをあきらめました。

ここかな 1

少しずつ慣れることで楽しみが増える

- まだ歩けない時はベビーカーで買い物に出かけていましたが、基本的にあまり外へは行きたがりませんでした。何が起こるかわからない外は怖かったのだと思います。ショッピングモールの中にある室内型子ども広場では喜んで遊ぶため、車で買い物のついでに遊ばせていました。通っているうちに、ショッピングモールの駐車場脇にある公園も見慣れてきたのか、「あそこで遊ぼうか」と誘うとすんなりオッケー。しだいにはじめて行く公園にも出かけられるようになりました。はじめは遊んでいる子をじっと眺めているだけでしたが、数回通うと好きな遊具で遊ぶようになりました。外遊びが増えてくると、春の桜やたんぽぽといった花や夏のセミの声など、季節のことを子どもと一緒に楽しめるようになりました。
- わが子は神経質なところがあり、砂遊びなど手が汚れることは嫌いだと思っていました。ところが、実家に遊びに行った時、「おじいちゃんと頑丈で壊れない泥団子をつくった」と聞いてびっくり。「今度ママにも教えてあげる」と言うので、実家に聞いてみると、実家の父はひとこと、「お前が嫌いなだけだ」。「砂場は手が汚れるよ」と言って、子どもを砂遊びから遠ざけていたのは、母親の私だったと反省しました。

- 散歩の途中で犬にほえられてから、外が怖くなったのか、外出を嫌がるようになりました。「お天気がいいから散歩に行こうか？」と誘うと、私の手をぎゅっと握って泣いて嫌がることもありました。ある時、家の近くで、犬を連れた人と出会いました。すると、犬を見つめている子どもを見て、「こんにちは！　かわいいでしょ？　抱いてみる？」と声をかけてくれました。ちょっと心配しましたが、娘はこわごわ抱いて犬と目をあわすことができました。あとで聞くと、その家の娘さんも犬を怖がった経験があったそうです。娘にとっては、「外」＝「犬にほえられる」＝「犬は怖い」といった怖さが薄くなったようで、外出を嫌がることもなくなりました。

伝えたいこと！ 怖い経験や嫌な経験を、「楽しい」「おもしろい」といった経験で上書きしていくと、外へ出かけようという気持ちが大きくなってくるようです。絵本を見せながら、「今度、公園で同じようにどんぐり拾おうか」などと話して、ひとつ目的をもって出かけて、外遊びへの興味や好奇心を広げるようにしていました。

ここかな② 苦手な場所は無理して通らない

- 赤ちゃんの頃から、特定の音に敏感に反応し、特にトンネルで車が通る音を聞くと固まって動けなくなっていました。自宅近くにトンネルがあったので、いつも迂回していました。
- ちいさい頃から外に行きたがらなかったのですが、２歳くらいの時、家の近くの視覚障害者用信号機のメロディ音が聞こえてくるとベランダから家の中に逃げてくるようになり、信号機のメロディが嫌だと気がつきました。赤ちゃんの時、信号のところで大泣きする原因がわからなかったのですが、このメロディだったようです。その後、引っ越しをしたため、メロディが聞こえてこなくなり、怖がることもなくなりました。高校生になった本人に当時のことを覚えているか聞いてみると、「音が大きく聞こえて、迫ってくるようで怖かったのかも。メロディの音程がはずれていると、今も気になる」と言っています。

- デパートのゲームセンターなど照明がキラキラしているところを怖がっていました。買い物に行く時にパチンコ屋さんの前を通る時も怖がるので、違う道順で買い物に行っていました。ある日、急いでいてうっかり前を通ってしまいましたが、親の私に追いつくことに気を取られていたせいか、何の反応もなくスルー。それ以来、何も起こらない場所だとわかったのか、どうにか前を通れるようになりました。しかし、照明がキラキラした場所が苦手なことは変わらないようです。

伝えたいこと！ 本人が嫌がる場所がだんだんわかってきたので、買い物や公園に行く時は通らないようにしていました。はじめての場所でも「あそこに○○がありそうだから、こっちから行こうか」などと声かけしていました。ちょっとした遠回りですむなら、気持ちよく外へ出かけることを大切にしていました。

1-2 疲れやすい

もやもやエピソード

3歳の頃は散歩に行ってもすぐ「だっこ」。公園でもベンチで座っているほうが好きでした。ブランコに乗せてもこがずにただ座っています。揺らしても足を前に出して「こぐ」ということがわからないようでした。公園からの帰りは必ず寝てしまいます。子どもが楽しくなさそうなので、しだいに家の中で遊ぶほうが多くなってきました。

ここかな 1

無理のないところから体力づくり

- 子どもが歩くようになって散歩や外遊びをさせようと思いましたが、子どもが疲れて寝てしまうことが多く、子どもを抱いて帰るのに親がヘトヘト状態でした。家の中で遊ばせることが多くなり、ベビーカーで買い物に行くだけになっていました。保健所の育児相談で話したところ、「はじめは家の周囲をまわるだけでいいんですよ。少しでも毎日外へ出る習慣をつけていけば、体力もついてくるし、子どもも楽しくなって動きたくなってきます」と言われ、少しの時間でも日課として散歩の時間をもつようにしました。公園で遊ばせようと思うと親も気が重くなりがちですが、近所をひとまわりすればよいと思うと、子どもも歩いてくれるので気が楽でした。幼稚園の先生から、「○○ちゃん、おかあさんとお散歩しているから、お外で遊ぶのが好きと言っていますよ」と言われ、子どもも散歩を楽しみにしていたんだと思いました。
- 知り合いから、「幼稚園は通園バスを使わず、親が徒歩で送り迎えをしていたから、子どもの体力がついた」という話を聞きました。「娘は体力がないから当然通園バス」と思っていましたが、近くに住む母が送り迎えをしてくれるというので、思いきって子どもの足で15分ほど歩く幼稚園に通わせることにしました。子どももおばあちゃんといろいろ話せる行き帰りが楽しいようでした。雨の日もカッパで通い、晴れの日とはまた違った景色が新鮮だったようで、傘にあたる雨の音や水たまりのことなど楽しそうに話してくれました。通園バスはルートによっては結構長く乗っているようなので、徒歩通園という選択は娘にとって正解だったと思っています。

伝えたいこと！ 子どもが体を動かす場面を日課として生活の中に取り込んだことで、知らない間に基本的な体力がついたように思います。車や自転車といった移動手段が多くなっているので、歩く場面をできるだけ増やすようにしていました。転んだ時にすぐ手をついたりして、大きなケガも防ぐことができるようになったと思っています。体力がなく疲れやすいと、ますます体を動かさなくなり悪循環になってしまいがちなので、幼い頃から毎日の生活リズムの中で体を動かす習慣をつけることができて良かったです。

ここかな ② 楽しんで体を動かす働きかけ

- 保育園の一時保育を利用した時、わが子が園庭で楽しそうに遊ぶ様子を見て驚きました。公園へ行っても疲れてすぐ「帰る」と言うので、外遊びは苦手だと思っていました。保育士さんがうまく外遊びに誘ってくれていました。母親の私自身、外があまり好きではなく、「子どもに付きあっている」という雰囲気を敏感に感じてしまっていたのかもしれません。保育士さんが「おかあさんが楽しいと思うことが大切」と教えてくれたので、子どもと一緒にベランダのプランターで私が好きな花を育てることから始めました。散歩の時に、きれいに花を育てているお宅や公園の花を見て、「今度これを植えてみようか」などと話すようになり、私自身、子どもとの散歩が楽しくなったと思います。

- 小学校のPTAの講演会で、「小学生までに体を動かすことが億劫にならないようにしておきましょう」という話を聞きました。小学生くらいまでは、体を動かすことに親が誘いやすく、習慣もつけやすいそうです。息子はちいさい頃から外遊びが嫌いで、小学生になってからは家でゲームばかりしていたので心配でした。本人が少しサッカーに興味を示したので、この機会を逃しては……と思い、父親に頼んで家の前の路地で、ボールの扱い方など相手をしてもらいました。父子で話しながらボールを蹴る風景もなかなか良いものでした。

伝えたいこと！ 子どもに「外で遊ぼう」と誘っても「嫌だ」のひとことで終わってしまうので、「電車を見に行く」とか「川にいる亀を見に行く」といった子どもの好きなことで誘うようにしていました。具体的なことでなくても「冒険に行こう！」というと、結構乗り気になっていました。

ここかな③ 筋肉の張りが弱い低緊張

- 幼い時からすぐに寝転がるので、「体力がない」と思っていました。10歳の時に「低緊張」という説明を受けました。筋肉の張りが弱いので姿勢が安定せず、疲れやすいそうです。低緊張には全身を使ったブランコやすべり台、ジャングルジムなどの遊びが良いそうで、幼い時に専門家から、いろいろな説明を聞いていれば、もっと公園で遊ばせていたかもしれません。
- 首のすわりが遅いということで、乳児健診でていねいに様子を見ていただきました。まだ寝ているだけの頃でしたが、「腕を上にあげて手遊びをしたりする動作が少ない」ということで、保健所の「子どもとの遊び方グループ」に参加することになりました。筋力が弱いので、体を動かす遊びを教えてもらいました。「公園の遊具でたくさん遊びましょう」と言われ、歩けるようになるとお弁当を準備して公園にでかけました。保育園に入ることができ、保健所から保育園に説明もしていただけて、結構活発に遊ぶようになりました。風邪をひいて熱を出すことも少なくなったので、基礎体力はついたのかなと思っています。

伝えたいこと！ 筋肉の張りの弱さは、「姿勢が悪い」「転びやすい」「疲れやすい」といったことにつながりやすいと言われています。筋緊張（※）を高めるためには、体全体を使う粗大運動（※）が良いそうです。子どもが楽しんで運動できるプログラムがある療育機関もありますので、保健所や医療機関で相談してみるとよいでしょう。作業療法士など専門家が、子どもを公園の遊具で遊ばせる時の工夫や注意点なども教えてくれます。

※筋緊張：筋肉がちょうど良い張り具合にあること。からだの姿勢保持や体温調節に関係があるとされる。
※粗大運動：日常生活を送るために必要な体を起こす、立つ、座る、姿勢を保つ、歩く、走るといった大きな体の動き。

1-3 こだわる場所から離れない

もやもやエピソード

電車が大好きで、散歩の途中、線路から離れません。その分、公園で遊ぶ時間が短くなってしまいます。線路が見えない道順で公園まで行こうと思いましたが、子どもが納得しません。結構、頻繁に電車が通るので、公園に行かずに帰ることが多くなっています。

ここかな 1 見通しをもてるように伝える

- 歩けるようになると近くの公園まで連れて行きましたが、同じ道順でないと泣いて動こうとしませんでした。散歩のついでに買い物をしたい時もありましたが、公園に行く時は他の用事をすることはきっぱりあきらめました。成長するにつれて、あらかじめスーパーに寄りたいので道順が変わることを説明すると、それほどこだわらなくなりました。
- 家の近くの遊歩道には水が流れている場所があり、幼い頃からお気に入りの散歩コースでした。３歳ぐらいから、飛び石の間の水の流れに手を浸すようになり、飛び石を占領して動こうとしないので、困りました。１年ほどそんな状況が続いていたのですが、一度、「あの葉っぱが流れていくのを見たら、終わりにしようか」と言ってみたところ、流れていく葉っぱにバイバイして立ち上がったのでびっくり。それまで、「もう、行くよ」「もう、終わり」といった声かけをしていましたが、本人が納得しやすい状況をつくれると、切り上げられるのだと思いました。

伝えたいこと！ 外では人の目も気になり、つい子どものやりたい行動を無理に止めてしまっていましたが、子どもにどういう提案をすると、子どもの気持ちが切り替えやすいのか、少しずつわかるようになりました。納得すると子どもも自分の気持ちを次の行動へ向けやすくなるようです。「あと3回したら、○○へ行こうか」などと声かけをして、気持ちを切り替えられた時は、すぐにほめるようにしていました。

ここかな② 他に注意を向ける

- まわるものが好きで、家の中で鍋のふたをまわすくらいなら良いのですが、外に出かけ、停めてある自転車を見ると、ペダルをまわして後輪を回転させるので困りました。まわっている後輪に手を入れることはあり

ませんでしたが、抱いて離そうとすると大泣きして大変でした。散歩の途中で停めてある自転車があると、子どもが気づかないように道を変更するようにしていました。公園で遊んでいても停めてある自転車を見つけると走っていくのですが、他の「まわるもの」に注意を向けるようにすると、それほどこだわらないことがわかりました。家の中で遊ぶコマのようなおもちゃを持ち歩き、自転車に触ろうとした時、「あそこで、このグルグルで遊ぼうか」と誘うようにしました。この方法で、外に出ることがかなり楽になりました。

伝えたいこと！ こだわる場所や行動から子どもの注意を他に向けるには、こだわりを否定して、まったく違ったことを提案するのではなく、こだわっていることの周辺に興味を広げていくようにしていました。たとえば、流れている水を見ている時は、「どこまで流れていくのかなあ」「水がどこへ流れていくのか、見にいってみようか？」などと声かけをしていました。「あと〇回したら……」という声かけは、「〇回」という回数の意味が理解できていないと伝わりません。違う遊びの提案は、子どもも「行動を止められた」と感じず、納得して次の行動に切り替えやすいようです。

1-4 動きまわって目が離せない

もやもやエピソード

外へ出たとたん、親を気にせず一人でどんどん行ってしまうので、玄関のドアを開ける前から手をつないでいます。普通に手をつないだだけでは振り払って走っていってしまうので、子どもの手首をぎゅっとつかんでいる状態です。親子が手をつないでゆっくり歩くなどまったくできず、同じような年齢の子が親子で散歩を楽しんでいるのを見ると、うらやましく感じます。

ここかな 1 わが子の行動パターンを知る

- ベビーカーで散歩の際、ベビーカーを押している私が誰かと立ち話をするなどして立ち止まると、ベビーカーから抜け出して落下してしまうので注意が必要でした。また、三輪車に乗り始めると1時間ぐらい三輪車をこぎ続けていました。乳幼児用の椅子に座って食事をする際も、椅子から抜け出してテーブルに乗ってしまうことがしばしばありました。とにかくよく動く子でしたが、赤ちゃんの頃からなので、外へ出かけるようになっても、どういう時にどういう行動をするのか、わりとつかんでいたように思います。遊ぶ場所を選んで外遊びを楽しんでいました。
- 家でも公園でも、かなり高いところまでよじ登っていました。公園の遊具アスレチックも怖がることはありませんでした。不思議と大きなケガはしませんでしたが、ハラハラし通しでした。しかし、ジャングルジムでの足の運びかたを見ていると、子どもなりに足場を確認しているような感じでした。どちらかというと、周囲の子にぶつかったりして、ケガをさせることのほうが心配だったので、公園のジャングルジムなどの遊具では、他に遊んでいる子がいない時に遊ばせるようにしていました。ことばがわかるようになってくると、しだいに行動も落ち着いてきて、小学校に入る頃には、高いところに登ることもなくなってきました。

- 走りはじめてからでは止めることが難しかったので、動く直前に「抱きしめ作戦」をしていました。家から道路に出る時、公園でベビーカーから降ろした時や公園の遊具が目に入った時などに、走りだそうとする瞬間に正面から抱きしめて「ノロノロ運転で行くよ」と５～６回繰り返す作戦です。かなり長い間続けていましたが、幼稚園に入る頃には自分から「ノロノロ運転」と言ってから遊びだすようになり、結構、効果があったのではないかと思っています。

学んだこと！ 幼少期は言い聞かせても理解できないため、走りまわったり、高いところに登ったりする激しい動きの制止は難しいところがあります。家の周囲の散歩や外遊びでは、子どもがどこで何をするか、行動パターンがわかってくると、危ないことから避ける方法も見つけられるようになってきました。激しい動きは、成長とともにおさまることが多いようで、わが子も小学校高学年頃には落ち着いてきました。

ここかな 2 動きまわる理由は一人ひとり違う

- 外へ行くとすぐ一人で走り出していたのですが、顔を横に向けて柵や塀を見ながら走っていました。育児相談会で聞いたところ、景色が流れるという刺激を楽しんでいるのではということでした。電車や車では動かずに外の景色をじっと見ているので、なるほどと納得しました。乳児の頃から、窓の光が天井に反射してキラキラする様子を見つめていたので、見え方を楽しむといった特有なところがあったのかもしれません。

- 家の中でも走ったり、よじ登った椅子から飛び降りたりしていたので、とにかくエネルギーを発散しているのだろうと思っていましたが、お気に入りのぬいぐるみを持って出かけたところ、意外と落ち着いて歩いていることに気がつきました。もしかしたら、不安で落ち着かなくて動きまわっていたのかもしれません。
- テレビのコマーシャルが始まると外に飛び出したり、敷地の塀の下の隙間から道路に飛び出したりと、気になるものがあればどこへでも飛び出していく子で、いつも追いかけていました。動きが機敏だったので、小学校では体育や運動会で活躍するようになり、周囲から認められることもありました。飛び出していくような多動は、小学３年生頃には落ち着いてきました。

学んだこと！ 走りまわったり、高いところによじ登ったり、体を常に動かしていたりといった落ち着きのない行動の理由は子どもによって違うようです。「刺激を得ている」「ストレスを発散している」「不安やパニックになっている」「あちこちに注意が散る」「同じ姿勢を保てず動いてしまう」など、いろいろな原因が考えられるそうです。わが子がなぜ動きまわるのかがわかってくると、対応策も考えられるのではないでしょうか。

1-5 ひとりで同じ遊びをする

もやもやエピソード

他の子どもたちと一緒に遊ぶのが好きではないようで、保育園の園庭でもほとんどひとりで遊んでいます。まわりを気にせず、自分の世界にいるような感じです。同年齢の子どもに関心がなく、話しかけられても知らん顔で、時には避けるようにしています。「友だちと手をつないだりすることもある」と保育園の先生はおっしゃるのですが、自分から友だちとかかわろうとしないことが気になります。

ここかな 1 その子なりのかかわり方を見守る

- 年長の終わり頃に電車好きの男の子が転園してきて、その友だちとは、電車ごっこをして遊ぶようになりました。園庭の遊具のトンネルをくぐったり、地面に線路を書いたり、葉っぱを切符にしたりしていました。
- 幼稚園の時、近所に同い歳の男の子がいて、家に遊びに行かせてもらうようになりました。相手の家にばかり行かせてもらうのも悪いと思い、公園へ一緒に遊びに行くようになりました。公園では同じベンチで休憩したり、一緒におやつを食べたりして、子どもにとって良い経験になったのではないかと思います。
- そもそも人にあまり関心がなく、他の子が声をかけても無視します。保育園の頃は、電車が好きで室内でのひとり遊びが好きでした。３歳クラスの途中で、気の合う子が入園してきました。その子が園庭で活発に遊ぶので、自然に外遊びが多くなり、その子とはじゃれ合うように卒園までよく遊んでいました。

伝えたいこと！ 親は「友だちをたくさんつくって欲しい」「仲良く遊んでほしい」と願いますが、ひとりでいるほうが安心する子もいます。本人が無理せず、安心して過ごせるようになると、しだいにまわりの人や仲間に関心を示すようになってきました。「同じ空間に友だちがいる」という状況をつくっておくと、なにげなくかかわりが生まれることもありました。気になる友だちができると、本人の遊びの世界も広がっていきました。

ここかな❷ 子どもの世界が広がるような工夫をする

- 公園でもまわりの子の遊びには目もくれず、自分のやりたいことを黙々とやっていました。同じ色・おもちゃ・遊び・飲み物・お菓子などに執着していたので、本人のお気に入りだけでなく、いろいろな種類の物も混ぜながら、他にも目がいくように対応していました。家の中は見慣れた物ばかりですが、外には目新しいものがあるので、子どもはお気に入り以外の物も手に取りやすいようでした。成人した今は、興味をもったことに固執する傾向は残っていますが、幼少期にあったこだわりなどはなくなりました。

- 幼稚園では、みんなが遊具で遊んでいる時も、砂場で一人でお料理ごっこをしていました。そこへ先生が通りがかり、「後でごちそうしてね」と声をかけてくださったそうです。先生がわが子のお料理ごっこに関心を示してくれたことで、友だちとごっこ遊びをよくするようになり、それがきっかけで遊ぶ友だちも増えていきました。
- 幼児期は、気に入ったことに固執する傾向が強く、別のことをさせようとすると機嫌が悪くなりました。電車と出会ってからは、寝ても覚めても電車のおもちゃで遊び、本を持ってきては車両名を繰り返し親に聞いてきました。本の世界だけでなく、実際に駅まで電車を見に行くようにしたところ、電車の行き先や駅のアナウンスなど新しいことにも目を向けるようになりました。

伝えたいこと！ 熱中するほど大好きな遊びがあるのは、むしろ良いことだと思うようにしてきました。ただ、他のことにも興味が広がるように、本人の好きなことや苦手なことを尊重しながら、少しずついろいろなものが目に入るように働きかけていました。外は刺激も多く嫌がることも多いのですが、家の中だけだと子ども自身の世界が広がらないように思います。少しずつ外へと目が向くようなきっかけをつくっていくことも大切です。

1-6 動きがぎこちなく危ない

もやもやエピソード

特に階段が苦手なようで、小学生になっても右左の足で交互ではなく、常に右足から１段ずつ降りています。椅子の高さくらいでも飛び降りることができず、少しの段差でつまずくこともあります。あまりにも動きがぎこちないので不安になります。

ここかな 1 子どもが楽しむことが大切

- 公園ではむやみに遊具から遊具へと走りまわるだけで、ボールを蹴ったり、鉄棒にぶら下がったりといった遊び方ができませんでした。電車が好きだったので、片道だけ電車に乗り、帰りは２、３駅と歩いて帰ってくることにしました。ボール遊びや縄跳びなどはずっと苦手ですが、歩く・走るのは得意だと思います。
- 公園へ行く時は、網と虫かごを持参という虫とりスタイルが基本でした。虫を見つけると捕まえようとそっと近づくのですが、どうも動きがぎこちなくいつも逃げられていましたが、本人は結構楽しんでいたと思います。

伝えたいこと！ 公園の遊具で遊ばせると感覚統合（※）がうまくいくと保健師さんに言われましたが、他にも外遊びの楽しみ方はたくさんあります。まずは、子どもが外遊びを楽しむことが一番だと思います。幼い頃は「楽しい！　もっとやりたい」という気持ちを育てることが大切だそうです。

ここかな❷ おとなが焦らないで見守る

- 公園でブランコの順番が来て座らせても、うまくこげず、すべり台の階段も3段ほどで足が止まってしまう。そんな子どもを連れて公園へ行くことが苦痛になり、外遊びの回数も減ってしまいました。
- シャベルの使い方が下手で、公園の砂場で砂を上にまき散らすので嫌がられました。誰も遊んでいない砂場をさがし、誰か来たら終わりにして帰るようにしました。

伝えたいこと！ 子どもが歩くようになり、散歩や外遊びに連れていくようになると、どうしてもわが子と同じ年齢くらいの他の子どもたちと比べてしまい、おとなが焦ってしまうことがあります。心配なことがあれば、ちいさなことでも保健所などに相談してみると、いろいろなアドバイスをもらえます。何より大切なことは、わが子の育ちを楽しみ、見守ることです。

※感覚統合：私たちは日々五感（触覚・視覚・聴覚・味覚・嗅覚）や筋肉の伸び縮みや体の傾きの感覚など整理しながら生活しています。複数の感覚を整理したり分類したりまとめることを感覚統合といい、その場その場で適切な動きができることは感覚統合が関係しています。体の動きや使い方が気になる子どもは、感覚統合に弱さがあるかもしれないという視点をもって、専門家（作業療法士など）に相談すると、楽しく遊びながら複数の感覚をバランスよく使えるアイデアがもらえるようです。

COLUMN

感覚の発達

「乳幼児に散歩や外遊びが大切」と言われるのは、外には家の中では得られない感覚への刺激がたくさんあるからです。最も基本的な感覚「五感」（視覚・聴覚・味覚・嗅覚・触覚）を定義したのは、アリストテレスと言われています。ヒトの場合、分類の仕方では五感を含めて20以上の感覚があるそうです。

なかでも五感は、「目」「耳」「舌」「鼻」「皮膚」といった感覚器官で外の情報をとらえ、それが脳に伝わったことを感じる感覚です。５つの感覚器官から得た外の世界の情報をもとに、危険から身を守るために体を動かしたり、体温調節したりといった、生きていくために必要な他の感覚が育っていきます。いろいろな感覚の刺激によって、脳の発達が促され、新しい動作や感情を発達させ、新しいものに興味や関心をもつようになり、行動に移すことによって、多くの経験へとつながります。そして、それが刺激となり、脳が発達するという好循環が生じていきます。

しかし、五感から受け取る刺激の感じ方は人それぞれで、とても強く感じて苦痛を伴う人もいます。また、五感のなかの特定の感覚だけが過敏な場合もあります。外は刺激が多いし、その逆で感じにくい人もいます。予期しない刺激に驚くこともあります。子どもが光や音、においなど特定の刺激を嫌がる時は、その感覚が過敏なのかもしれません。

第2章

社会を学ぶ第一歩
～子ども連れの外出から～

散歩や外遊びは、子どもに合わせて行く場所を決めたり、途中で切り上げたりできますが、目的が決まっている外出は、どうしても子どもを制止する場面が多くなってしまいがち……。

子どもは親と一緒に出かける中で、自分が生きている社会のルールやマナーを学んでいきます。お出かけは、幼児期から段階を踏みながら、自分と社会のかかわり方を覚えていく機会といえるでしょう。周囲の人とかかわり、「生きていくために必要となる力」を育てることにつながります。親もまた、子どもの苦手なことへの対応を学べますし、子どもの成長を実感できることもたくさんあります。

2-1 外食を楽しむ

もやもやエピソード

子ども連れでも利用しやすいファミリーレストランを利用していましたが、子どもが席から離れて走りまわってしまい、店員さんから「危ないので、お子さまが走りまわらないようにお願いします」と注意されてしまいました。食事の間、子どもを座らせておくことが難しく、外食はあきらめることにしました。

ここかな 1 食事しやすい場所を利用する

- 外食で食事が来るまで待たせるのが大変でした。その上、自分が食べ終わるとすぐ帰りたがるので、外食する時は、子どもが遊べる場所が設置されている店を探して利用していました。食事が来るまで、あるいは子どもが食べ終わってしまった後、子どもが遊ぶコーナーに誰かが付き添っていました。
- 子どもがちいさい時は、座敷がある店を利用していました。赤ちゃんの時は座敷だと寝かせておけるので利用していたのですが、動きまわるようになっても座敷の壁側の席に子どもを座らせておくと、テーブルから離れにくいので、店内を走りまわりませんでした。
- 子どもが走りまわる時期は、公園などでシートを敷いてテイクアウトで購入したお弁当を食べて、外食気分を満たしていました。子どもの行動が落ち着いてくるにつれて、店内で食べる機会も増えていったように思います。今は、外にテーブル席がある店も見かけるようになってきて、よく利用しています。

- 子どもがちいさい時は、ショッピングモール内にあるレストラン街の店を利用していました。子どもが飽きて動き出しそうになったら、店の外にあるトイレに連れ出して気分転換させていました。
- たまたま利用したレストランで、わりばしの袋に鳥の折り方が印刷されていて、食事が来るまで熱中して折っていました。以来、外食の時には、折り紙持参で出かけました。うまく折れると、お店の人がほめてくれるので、子どもも嬉しそうで、食事が来るまで座って待つことも苦ではなかったようです。

伝えたいこと！ 子ども連れが利用しやすい店も多くなってきています。子どもの飲み物やサラダをすぐに取りにいける店や、持っていった絵本や塗り絵などを広げられるような大きなテーブルのレストランもあります。そういった店で外食の経験を重ねながら、約束ごとを教えていくうちに、入れる店も少しずつ多くなっていきました。

ここかな 2 店内やメニューをリサーチしておく

- 上の子はアレルギーがあり食べられる食材が限られていたので、利用する前に必ずリサーチしていました。下の子はアレルギーではなかったのですが、落ち着きがなかったので、食材だけでなく、席の様子や店内の様子なども店に問い合わせるようになりました。何度か利用すると、子どもが落ち着きやすい席があるとわかり、予約できるか確認すると、お店の人も「そのほうがありがたいです」と言ってくださり、ホッとしました。
- はじめて利用する店には、比較的空いている時間帯を事前に聞くようにしていました。また、店に入る前に必ず「子連れですけど」と伝え、店の状況を確認するようにしていました。外食で周囲に迷惑をかけてしまうと親の気分も落ち込んでしまうので、少しでも気持ちよく利用したいと思っていました。

- 息子が３歳くらいの時、レストランで騒いだため、食事を途中で切り上げて帰ったことがあり、しばらく外食は控えていました。近所のママ友から子連れで行きやすいお店を教えてもらったので、下見を兼ねて予約しに行きました。テーブルの配置やトイレの位置なども事前に確認でき、当日は安心して利用できました。
- 自分が決めていたメニューがないと機嫌が悪くなるので、出かける時は子どもの食べたいものを確認してから、どこの店に行くか決めていました。しばらくすると、決まったチェーン店に落ち着いてきました。
- じっとしていない子どもを連れて外食する時は、注文するものもあらかじめ決めてから店に入るようにしていました。メニューを見ながら食事を楽しめるようになったのは、子どももおとなと同じように「普段と違う食事を楽しみにする」といったことがわかるようになってからでした。

学んだこと！ 子連れオッケーと言われても、「わが子の場合、外食は難しいのでは」と躊躇（ちゅうちょ）してしまいがち。子どもにとっては、外食も経験のひとつです。店の様子がわかっていると、わが子の行動も予測が立てやすくなりました。

ここかな❸ 外食の約束ごとを伝えていく

- 子どもが３歳の頃、うどん屋で子どもがテーブルの上にある調味料を触りまくったり、楊枝(ようじ)をばらまいてしまったりして、平謝りで逃げるように店を出たことがありました。外食に懲りて、長い間行かなかったのですが、小学生になると、「どうしてマナーを守らなければいけないのか」という説明も理解できるようになってきました。調味料入れやコップは倒しやすいので離れた場所に置くことなど、教えたとおりにできるようになりました。バイキング形式のお店に出かけた時は、自分のお皿にとる時の注意点などを説明するとしっかり守っています。幼い時は苦労しましたが、約束ごとがわかるようになれば、几帳面すぎるほど守ることができるようになりました。

伝えたいこと！ 「○○してはいけない」といった約束ごとばかりでは、外食も楽しくありません。外食する時は食べているもののことや窓から見える景色のことなど楽しい話をして、子どもの注意を引き付けて、店内で立ち歩かないようにしていました。こういった外食の経験から、家の中では子どもを叱ってばかりで話すことが少なかったと反省する機会にもなりました。子どもの落ち着かない行動は、「自分を見てほしいアピール」もあるのかもしれません。

2-2 家族旅行を楽しむ

もやもやエピソード

子どもたちのために、テーマパークへの家族旅行を計画しました。4歳の息子は、はじめて行ったテーマパークで、入場した途端「いつ帰る？ いつ帰る？」と連呼。せっかく連れて行ったのに、門を出るまでずっと言い続けていました。家族は楽しめず、私は息子を叱ってばかりで、疲れて帰ってきました。

ここかな 1

子どもにとってはじめてのことは不安

- お出かけ前に、「新幹線を降りたらバスに乗っていくよ」や「朝に家を出て、お昼に着いたらお昼ご飯を食べよう」など、移動手段や所要時間や目的地などの情報を、子どもとたくさん話し合っておきました。
- 乗り物系の遊園地に行った時のこと、わが子よりちいさな子が一人で乗っている乗り物でも、一人では乗ろうとしません。最初は父親に運転させて隣に乗り、次に親が横に乗って本人が運転。そして3回目に「乗ってくるから、ここで見ていて」とようやく一人で乗りに行きました。様子がわかれば一人でもできると思いました。すぐに「無理」というのが口癖でしたが、まず見本を見せて、練習してできるようになることが増えました。

伝えたいこと！ 子どもとたくさんの思い出を一緒につくりたいと、時間もお金もやりくりをしての家族旅行。親や兄弟はこれから楽しもうと思っていても、本人は一刻も早く家に帰って安心したいという気持ちを抱えているのかもしれません。そもそも、「旅行先＝楽しい場所」と思っていないのかも。はじめての場所は予測もできない中、不安なことも多いはずです。あらかじめ旅行のスケジュールやどんな場所かの写真や動画などを見せて説明しておくと、不安感が少なくなります。

ここかな 2 子どもと一緒に旅行の計画を立てる

- わが家では、家族旅行の計画を子どもと一緒に考えて、子どもを幹事にしていました。はじめの頃は、自分の行きたい所ややりたいことばかり挙げていましたが、「幹事は全員の意見をまとめることが仕事」と伝えていると、それなりに計画を立てられるようになってきました。小学生の頃は兄弟二人で話し合って、プレゼンまでしてくれました。兄弟間の意見が違う時は、両方のプランを立てて、「多数決で決めます」なんて言っていました。お土産まで決められてしまうのには辟易(へきえき)しましたが、親はけっこう楽でした。
- 不登校だったこともあり、好きな鉄道の旅を祖父と一緒に計画して、のんびりゆったり出かける時間をつくり、工場見学や体験施設など学校では得られない外出の機会を多くもつようにしていました。

伝えたいこと！ 自分で決めたことは積極的に取り組めるものです。ちいさい頃は場所見知りが激しく大泣き状態で、何もせず帰ってくることばかり。神経質で小学生になるまでは新しいことをするにも引っ込み思案でしたが、「動物園、どういう順番でまわる？」とか「どこでお昼を食べる？」と聞くようにしていたところ、中学生の頃には自分から提案してくるようになり、消極的なところも少なくなりました。社会人になった今は、ひとりで旅行をしたり、会社のイベントでも自分なりの提案をしているようです。

ここかな③ 旅行のスケジュールを欲張り過ぎない

- 子ども・兄弟・親の興味関心はそれぞれなので、欲張り過ぎない外出プランを立てて、徐々に行動を広げていきました。
- 子どもがちいさい時はどこに行っても落ち着かず、まわりに気を使うことばかりでしたので、あちらこちら見てまわる旅行ではなく、会員制の家族用コテージを利用していました。バーベキューや星の観察などいつも同じスケジュールだったので、見通しが立つことが良かったようです。
- 泊まりがけの旅行の予行として、最初から１日遊ぶことを目標にせず、「目的地まで行くだけ」「テーマパーク内でランチをとる」「２時間だけ遊ぶ」など、近くの場所で目的を絞って慣らしていきました。

伝えたいこと！ せっかくの機会だと思うと、どうしてもいろいろな予定を入れてしまいがち。ゆったりしたプランのほうが子どものペースに合わせやすく、想定外のことが起きても対応しやすかったです。

2-3 子ども向けの施設やプログラムを楽しむ

もやもやエピソード

児童館に「子ども広場」という幼児プログラムがあり、毎週連れて行きましたが、音楽に合わせて飛んだり跳ねたり、ダンスをしたりはせず、すぐに会場から脱走していました。親はあとを追いかけるのに疲れて、無理だとあきらめました。

ここかな① 何をする場所か練習しておく

- 住んでいる区の図書館では、月に２回紙芝居の日があり、わが子と同じ２～３歳くらいの子も参加していました。多くの子どもたちが座って紙芝居の話を聞いているのに、わが子は走りまわるだけでした。家では寝る前に絵本を読み聞かせていて、結構楽しい時間を過ごしていたので意外でした。図書館から紙芝居を借りることができたので、家でも紙芝居の前に座らせてトライしてみました。いくつか借りてきてから、図書館の紙芝居の日に再チャレンジすると、一番前に座って聞けるようになっていました。紙芝居はどのように楽しむものかわかっていなかったのだと思いました。
- 児童館の催しにはじめて連れて行った時、会場内を走りまわるばかりでした。たまたま、早く会場に着いた時、廊下から会場内の準備の様子を見ることができたので、子どもに「きょうはあの人形が出てくるんだね」といったプログラムの話をしました。すると、その日は走りまわらずに座っていて、準備の時に見た人形が出てきた時には嬉しそうに声を上げました。前もって知っておくことが大切だと思いました。

伝えたいこと！ 子ども向けプログラムでは、同じような年齢の子どもたちがたくさん集まってきます。子どもにとってはプログラムの内容や目的など理解できないことなので、人がたくさん集まっているという状況に反応して、興奮気味になったり、逆に怖がったりしてしまいます。同じ年齢の子どもたちと触れ合わせたいという親の思いが先行しがちですが、子どもがプログラムの内容に関心を示す状況をつくってからのほうが、参加を楽しめることが多いようです。

ここかな❷ 少しずつ慣らしていくことも必要

- 子ども向けの劇をしてくれるところがありましたが、３歳頃は観劇中に泣いたり騒いだりすることが多く、そのたびに会場から連れ出していました。ドアのガラス越しに「見たかったら泣き止みなさい」と言うと泣き止むので、また部屋に入ることを繰り返していました。

- 絵本を借りに図書館へ連れて行きましたが、厚みのある絵本の噛みごたえが良かったのか、家で歯型を付けてしまうため、絵本を借りることはあきらめました。しかし、短時間でも絵本を見せるために頻繁に立ち寄るようにしていました。しだいに子どもも本を読むことに興味をもつようになり、図書館から本を借りることができるようになりました。見た本を同じ棚に返すことや、立ててある本と本の間に出した本を挿入する時のしまい方のコツなども教えていきました。
- 「おやこ劇場」に入り、役員も引き受けていたので、観劇・合宿・キャンプ・遊ぼう会などのイベントには子連れで参加していました。勝ち負けのある遊びで負けた時は騒いで大変でしたが、高校生のお兄さんやお姉さんがうまくかかわってくれました。生まれた時からお互いを知っているおとなや仲間がいたので、気兼ねなく子どもを連れていくことができ、本人も少しずつなじんでいけました。

伝えたいこと！ 子どものために連れて行った場所なのに、なじめなかったりすると本当にがっかりしました。でも、子どもにとってははじめての場所で、何をするかもわからないので、最初から参加できるほうが稀だと自分に言い聞かせていました。プログラム主催者は、きっと子どもを連れてきてほしいと思っているはずだと思い、スタッフの方に「わが子も楽しんで参加させたい」と相談してみました。わが子の好きなことを聞いてくれて、プログラムに参加しやすいように声をかけてくれ、少しずつ参加できるようなりました。親の気持ちに寄り添ってくれる場を見つけられて、とても嬉しく思いました。

2-4 子ども連れで買い物をする

もやもやエピソード

スーパーに買い物に行く時は、店内を走りまわらないようカートに座らせていますが、立ち上がろうとしたり、カゴのほうに向いて座り直そうとしたり、落ち着きません。体も大きくなってきて、カートから降りたがるようになってきましたが、落ち着きのない息子を連れて、ひとりで買い物をする自信がなく、ネットスーパーを利用しようか悩んでいます。

ここかな 1 落ち着きのない子どもへの対応

- 店に行くと、気になる店内の飾りなどを持ってこようとして困りました。目に入るとすぐに反応するので、その場で教えるようにしていました。手を出さなかった時に「えらいね」とほめることも大切だそうです。時間もかかり、親の根気も必要ですが、少しずつ人との距離や触っていい物・いけない物の区別がつくようになりました。
- どこに行っても走りまわるので、デパートなどで飾ってある高価な商品を落としたりして壊すこともあるかと思い、早くから損害賠償責任保険に入りました。
- 気になるところへ走っていってしまい、おとなが必要な物を買うのに苦労しました。そこで、出かける前に買う予定の物を書いて見せて、スーパーの売場の通り順を示すようにしていました。
- 2、3歳の頃は、買い物に連れて行くと手当たり次第に値札を触ったり、カゴやカートを動かそうとして、せわしなく動きまわりました。会計をしている間に脱走することもあり、安全に買い物ができなかったので、すべて宅配に切り替えました。

- 視覚的な刺激に弱く、目に入ってくるものすべてに反応して触ったり走ったり、まばたきもできないくらい大変でした。小学校低学年くらいまで、私一人では子ども連れの買い物は行けませんでした。子どもを押さえられる夫がいる時に買い物に出かけていました。少し大きくなってしっかり会話ができるようになると、どうしても買いたい物を一つだけ事前に伝えて、一緒に探して買う方式で対応しました。子育て時期にちょうどネットスーパーが普及しだし、当時は大変ありがたかったです。

伝えたいこと！ 子どもの発達段階にあわせて、「家事としての買い物」と「子どもに経験を積ませる買い物」に分けて対応していました。「家事としての買い物」の場合は、できるだけ宅配を利用するなど、子どもを買い物に連れて行かなくてもすむ方法をとっていました。子どもが状況を理解できるようになってから、買い物が短時間で終わるようにして、子どもに社会のルールを少しずつ説明するようにしました。何事もスモールステップです。

ここかな② 子どもの行動パターンへの対応

- デパートや大型スーパーに行くと動きまわり、必ず迷子になっていました。ある時、私の服を目当てに元のところに戻ってくることがわかり、こちらが動きまわらないようにしていました。親がそばにいないことに気がつくと、向こうから探してくるので、親は慌てずにすみました。外出すると必ずいろいろなことが起きて、親も鍛えられたと思っています。今、落ち着いた息子を見るとうそのようです。
- 幼稚園の頃、息子を連れて買い物に行くと、昔ながらの八百屋さんの店頭に桃がカゴに盛られていました。「おいしそうだね」ということばだけでやめておけばよかったのに、思わず「おかあさんが子どもの時、桃にほおずりしたら、チクチクしてしばらく大変だった」と話してしまいました。息子はすかさず、売り物の桃にほおずり。息子がすぐ行動に移すことがわかっていながら、軽率に話してしまった親の失敗談です。
- ほしいものを見れば買うまで騒ぐ子で、あらかじめ他のものは買わないことを約束しても効果がなく、困っていました。しかし、子どもに買い物メモを持たせて、品物を選ばせるようにしたところ、その作業に集中するようになり、「自分のほしいもの」の前で立ち止まることも少なくなりました。

学んだこと！ 落ち着きのない子どもの行動にもパターンがあることがわかってきたので、あらかじめ対応策がとれるようになりました。店の中で走りだす場所や場面、触りたくなる商品に傾向があることがわかったので、それを具体的に課題にしてトークン表（※）にしました。「エレベーター

※トークン表：「身につけてほしい行動」に対して、できたらシールを貼ったり、点数化してポイントを付けて、集まると好きな活動や「もの」と交換できるシステム

に乗ったら、ボタンは１回だけ押す」「買う商品だけ触る」といったことを、１つずつできるようにしていきました。

ここかな③ 買い物に行くことが楽しくないのかも

- 一人での留守番を怖がり、一緒に行くと「これ買うの、買わないの、どっち？」「いつ帰るの」ととにかく騒がしく、ゆっくり買い物ができませんでした。本人は興味のないものに付きあわされ、見通しの立たない不安で困っていたのでしょう。何時に帰るなど見通しが立てられるようにしたり、必要なものだけ買うようにすることを心がけました。一人でお留守番できるようになってからはお互いにずいぶん楽になりました。
- どうしても子どもを連れて、はじめての店に行く必要がある時は、掲載されていればネット検索して、道順やお店の外観・内部をプリントアウトして子どもに見せてから出かけていました。行く店の様子と、何をするかを説明するとわかりやすいようでした。子どもにとっては「用事の内容」が決まっていることが一番安心できるようです。

伝えたいこと！ 「買い物を楽しむ」という感覚は人によってかなり異なります。必要なものを買うという行動だけなのに、「楽しむ」という感覚がどうもわからないという人もいます。おとなになってから、生活に困らないように、自分で買い物ができれば十分なのかもしれません。

2-5 医療機関などに行く

もやもやエピソード

子どもがちいさいうちは、泣き叫んでも抱いて病院へ連れて行けましたが、6歳にもなると力も強くなり、抵抗されて連れて行けなくなりました。だましだまし連れて行ったことも原因だと思います。小学1年生の歯科検診で虫歯が見つかりましたが、歯医者に連れて行けません。痛みがひどくなって本人が治す気にならないと無理かもしれません。

ここかな 1

子どもの特性を理解してくれる医療機関を選ぶ

- 私が通っていた近所の歯科クリニックは、治療台に人気キャラクターのシールやフィギュアがありました。先生や歯科衛生士さんが楽しく対応してくださり、治療後、「よくがんばったね～」とご褒美（シールなど）もいただけました。ずっと定期検診に通い、はじめて虫歯になったのは10代も後半でしたが、一人で出かけました。その日すぐの治療ではなく、ワンクッション置いて、次の予約時の治療となったようです。息子にとっては心の準備ができて、ありがたい対応だったと思います。息子の障害のことについては、クリニックには特に話はしていませんでしたが、息子の様子をそのまま受け入れてくださったと感じています。

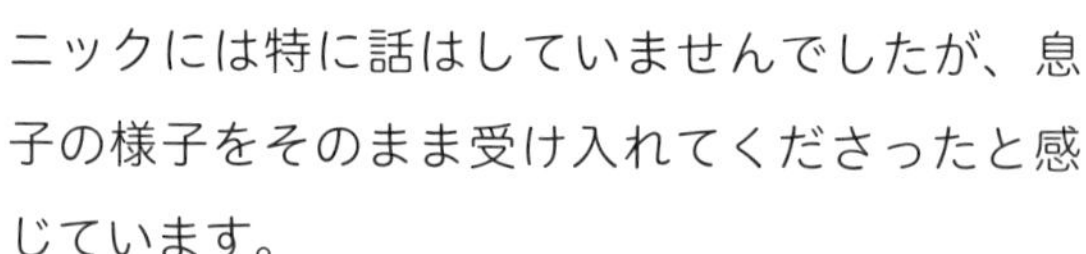

- 1歳から息子はしばしば中耳炎になりましたが、近所の耳鼻咽喉科クリニックの先生は厳しく、息子が「痛い」「怖い」と治療を嫌がると「こんな調子だと学校に行ってから大変だぞ」

と押さえつけられ、息子はそのクリニックに通えなくなりました。クリニックの建物が見える所を歩くのも避けるようになり、その後は隣町のクリニックに通いました。当時は、親である私自身も勉強不足で、事前により良い対応をお願いすることができませんでした。

伝えたいこと！ 子どもの診療機関である小児科に比べ、耳鼻咽喉科や歯科は子どもが落ち着いて治療を受けてくれるか心配でした。予約時に子どもの様子を説明して、「診ていただけますか？」と事前に確認しておくようにしていたので、連れて行く親も気分的に楽でした。

ここかな 2 医療機関への説明

- 待合室で座って待っていられない。床に寝ころんでしまう。何をされるかわからず怖がる。手の届くものに触ってしまう。こういった子どもの特性について書いてある冊子（※）と本人が落ち着く方法を書いて医療機関に渡していました。「器具の説明や体験をする」「準備のための診察をいれる」「歯科の場合はライトがまぶしいので消して治療する」「フッ素を塗るといった治療には、味を選んだり、塗るかどうかを自分で選ばせる」「決められない時は次回にする」といったことを伝えていました。
- わが子が幼稚園に通っていた時、はじめて耳鼻科にかかる際に、「○○（好きなアニメのヒーロー）と一緒にがんばると言っていますので、よろしくお願いします」と伝えたところ、医院の先生がそのヒーローについて

※冊子：『医療機関のみなさまへ　発達障害の人たちをよろしくお願いします』
平成20年度 厚生労働省障害保健福祉推進事業（障害者自立支援調査研究プロジェクト）分担班「自閉症・知的障害・発達障害児者の医療機関受診支援に関する研究」
インターネットでダウンロードできます。

いろいろ聞いてくれました。嫌がって大変かと覚悟していましたが、終わった後、本人は「〇〇と一緒にがんばった」と言っていました。

伝えたいこと！ 子どものことを話す時、できないことばかりを伝えがちです。参考になるのは、子どもが落ち着いて治療を受けるためにどうしたらよいかなので、わが子の気持ちが落ち着く方法やがんばれるポイントを伝えていました。

ここかな 3 本人への説明

- 歯科は口の中で何をされるか自分で見えないので、特にていねいな事前説明が必要でした。また治療中におもしろそうな物を発見したら触りたくなるので、器具の説明や触ってはいけないものは、あらかじめ写真で見せて、触ってはいけないものだと説明していました。
- 幼稚園の頃から医療機関にかかる時は、病院での行動の流れや治療の手順、ルールはメモに記入して、事前に伝えていました。待ち時間の暇つぶしグッズ、治療中の安心グッズは、必ず自分で選んで持って行くことを忘れずにしていました。高校生になってもメモや安心グッズを持っていっています。落ち着くそうです。
- 小学校での健康診断や歯科検診の時も、どんな順番でどのようなことをするのか、あらかじめ本人に説明していました。学校の健診では順番を待つのに列をつくって並ぶことが多いので、先生が並ぶ位置の目安がわかるように、床にシールを貼ってくれたそうです。「シールのところで待っていた」と本人が言っていました。

伝えたいこと！ 子どもにとって、受診や健診は不安でいっぱいです。事前に伝えておくと、子どもも次は何をするか想像することができるため、安心して治療を受けられます。

2-6 公共交通機関を利用する

もやもやエピソード

鉄道網が発達している地域に住んでいますが、子連れで出かける時は必ず車で出かけます。荷物が多くなるし、落ち着きのない子どもを私だけでは追いかけられません。社会のマナーを教えていくため、公共交通機関を利用したほうが良いと言われましたが、今は無理な状況です。しかし、ずっとこのままだと、公共のマナーが身につかないのではないかと心配しています。

ここかな 1 ルールを伝える工夫

- 小学校に入る頃になっても、駅の改札を抜けるとホームまで猛ダッシュ。電車で座れても、何か気になるとすぐ立ち上がって見に行く、そんなわが子の対応に困り、親のほうがお菓子で釣ってしまうことがありました。外では要求が通りやすいと子どもが勘違いして、自分勝手な行動が増えてしまいました。
- わが子は電車に乗ると、つり革を持ちたがる子でした。延々とうんていのように移動していました。少し大きくなると通路を走りまわり、はじめは追いかけていましたが、そのうち降りる手前で来たところを捕まえて降ろすようになりました。その頃は、とにかく周囲に謝るしかないと思っていました。親の会に入ってから、根気強く子どもに説明して対応していく大切さを学びました。それまで、子どもへの対応方法はないと思っていましたが、子どもの気持ちに寄り添い、言い聞かせていれば、多くの場面で子どもの成長の助けになったのかもしれません。

- 出かける前に、電車に乗る時は走りまわったり騒いだりしない約束をしていましたが、「我慢できなくなったら途中で降りて気分転換できる」ことを話していました。子どもがソワソワしだしたら、一旦下車して次の電車に乗るようにしました。すぐに次の電車が来る地域に住んでいたのでできたことかもしれませんが、しだいに乗る時間が長い電車の場合も我慢できるようになっていきました。
- 子どもが駅や電車の中で動きまわりそうになったら、「電車の中ではどうするんだった？」と、子ども自身にとるべき行動を言わせるようにしていました。「親に言われたのではなく、自分で気がついた」という形のほうが、子どもは守れるようです。
- 空いている座席に片っ端から座りに走るので、「座席が空いていたら座れます」「一度座ったら安全のため降りるまでそのまま座っています」「お年寄りには席を譲ります」といったことを、本人がわかりやすいように○×メモにして前もって示し、持たせていました。見えにくいマナーやルールは書いておくと本人が何回も見直せるので、その都度聞かれることはなくなりました。

伝えたいこと！ 「うるさいよ」「静かにしなさい」だけでは、単なる「注意」に終わってしまいます。なぜ静かにしなければいけないのかという理由や、社会は自分以外にもいろいろな人がいて、だからルールがあることを繰り返し教えていくことで、子どもは「自分が生きている社会」を意識していくのだと思います。

ここかな② 周囲の状況に気を配れるように

- 小学生になり、電車に乗る時に自分で切符を買わせるようにしていましたが、券売機の前に来てから看板の路線図で値段を確認するので、後ろの人の迷惑になっていました。値段を確認してから券売機の前に並ぶよう伝えました。しばらくして、ICカードを使うようになりましたが、改札機の前に来てからICカードをカバンから取り出すので、これまた「後ろの人の迷惑になるから、あらかじめICカードを出して改札機のところへ行くように」と、その都度、伝えていました。中学生になると、券売機でのICカードチャージに手間取りそうな時は、後ろの人に「先にどうぞ」と譲ったりして、周囲の状況が見えるようになってきました。

- 話し声が大きく、電車に乗っていても大声で話します。声の大きさのコントロールを学習できるアプリをスマートフォンに入れて、家で練習していますが、電車の中でとても役立っています。子どもの声の大きさがわかりやすく表示されるので、「今は〇〇くらいの声で話そうね」と伝えると、アプリで確認しながらちいさな声で話してくれます。

伝えたいこと！ 周囲に注意を向けることが苦手でも、繰り返し教えることで、駅や電車の中での行動が身についていきました。はじめは、同じやり方にこだわり融通がきかないこともありましたが、成長するにしたがって、臨機応変な行動もできるようになってきました。

ここかな③ 子どもの苦手なところへの対応

- 駅や電車の中は、混雑しているうえ電車が駅に入る時の警笛など突然大きな音が響くので、わが子にとっては苦手な場所でした。駅のホームでは、電車がホームに入ってくると怖くて柱に隠れたり、乗客の乗り降りが交錯する扉付近が怖くて乗れないこともありました。電車は線路を走るのでホームには来ないことや、音が怖い時はイヤマフを使っていいことを伝えていました。公共交通機関のホームページには、「電車やバスの安全な乗り方」のような子ども向けのわかりやすいページがあるので、普段からプリントアウトして見せて、電車に乗る時の不安が軽くなるようにこころがけていました。
- トイレが近く、電車に乗る直前に行っても、数駅ごとに降りてトイレに行きたがりました。電車に乗ると行きたくなっても我慢しなければいけないという緊張感から、ますます行きたくなるようでした。親が「また？」という態度を見せると緊張が増すので、「駅にはトイレがあるから、降りようね。次の電車でも大丈夫」と安心させるようにしていました。

伝えたいこと！ 電車やバスといった交通機関の利用は社会生活を送るうえで避けることが難しく、本人が苦手であってもパニックを起こさずに利用できるようになってほしいところです。交通機関を利用している時のパニックは、事故にもつながりかねません。電車やバスを利用して楽しかったという経験を積み重ねていくことが大切です。

2-7 迷子への対応

もやもやエピソード

外出した時は、走りまわる子どもを追いかけるのに必死です。「いない！」と思って後ろを振り向くと、走り去っていくわが子の姿。ほんの少しの間でも姿を消してしまいます。迷子になっても泣いたりしないので、いつも子どもを探している感じです。

ここかな 1 迷子になった時の工夫

- 次男が幼稚園の年中の頃、本人と１歳違いの長男と私の３人で家の近くのスーパーに買い物に立ち寄った時、買い忘れた物を買いに行くため、長男と本人に「ここで待っててね」と言い、ダッシュで商品を手にして戻ると長男しかいませんでした。長男に聞くと「手を振り切ってどこかへ行ってしまった」と……。結局、次男は、スーパーを裏口から出て２軒隣の手芸店の店員さんに保護されていました。「ここで待っててね」ということばが理解できていなかった上に、母が急にいなくなって不安になり、母を追いかけるつもりで裏口から出てしまったのかもしれません。それからは、外出する時は、長男とペアルックにして迷子になった時に探しやすいようにして、次男の洋服の裏には、名前と電話番号を縫いつけていました。
- すぐに迷子になる娘のために、祖父母が神社で迷子札をつくってくれました。娘の干支の守り本尊のお札で住所と連絡先が彫ってあり、出かける時は服の下にペンダントのようにかけていました。迷子になった時も、「お守りがあるから大丈夫」と親の気持ちを落ち着かせるお守りにもなっていました。

- 子どもが３歳くらいの時、買い物帰りに通りがかった公園で、子どもが一人で勝手に公園の奥へ行ってしまったことがありました。親がついていかなければ不安になって戻って来ると思っていたら、戻って来ず迷子になりました。スーパーなどでも勝手に先に行ってしまい、何回か迷子になりました。それからは、洋服のポケットに親の名前と電話番号のメモを入れておくなどしました。「外出の際は親から離れない」というルールをもっと徹底する必要があったかもしれません。

伝えたいこと！ 子どもは好奇心旺盛で、「行ってみたい」「やってみたい」という気持ちから行動してしまいます。今は、GPSなどの技術を活用した迷子対策の製品やサービスが出てきています。迷子札のような個人情報を持ち歩かせるより安心かもしれません。子どもの状況に合わせて、使い勝手が良いものがあれば、使用を検討しても良いと思います。できるだけ、のびのび遊べる場所を選び、その子に合わせた対策をとって、好奇心をなくさないようにしたいものです。

ここかな② ルールを決めておく

- 子ども自身に「迷子になった」という感覚がないので、「そばに親がいなくなったら、すぐに近くにいるおとなの人に言うこと」と教えました。近くの人に「交番に連れて行ってください」、お店の人に「おかあさんがいないので探してください」と伝えることを教え、出かける前に練習していました。親が探しても見つからない時は、親もまず連絡するところが交番かお店と決まってくるので、わりと早く見つかりました。同じ交番で3回もお世話になりました。
- 幼い頃からまわりの状況把握ができず、外ではすぐ迷子になっていました。一日中娘を探して、疲れ果てたこともありました。以来、「迷子になったら○○で会う」と確認してから出かけるようにしていました（本人は迷子になった自覚はあまりないようでした）。携帯電話を使うようになってから、その悩みはほぼなくなりました。
- 本人が小学5年生の頃、二人で自宅から小1時間かかる場所へ電車を乗り継いで出かけました。乗り換え駅の改札で私が乗車券の精算をしている間に、本人はさっさと一人で改札を出て歩いて行って、呼び止めても聞こえないようで、はぐれてしまいました。目的地は1か月前に一度行っただけで、「この広い都会で迷子に!?」と困っていたら、一人で目的地に到着したと先方から連絡がありました。「後ろから呼んでも振り向かない」ということはよくありましたが、こういった危ないことも起こるのだと思いました。さっそく、外出時にはぐれた時の対処法を決めました。

  1）はぐれたらここに集合という場所を決めておく

  2）困った時は警察、お店の人、駅員さんに相談する

  3）親が「○○するから待っていてね」と行動の予告をする
- 幼い頃は、いつもお金を払うタイミングでいなくなっていました。手をつないでいても、その手を振り払って走っていなくなるのです。店の外に飛び出すので、いつも1時間半くらい探しまわり、よく警察のお世話

にもなっていました。お金を払う時、ひとつの動作（たとえば、かばんから財布を取り出すなど）をする度に振り返り、名前を呼んで側に来させていました。少し大きくなってから、迷子センターへの行き方を教えて放送をしてもらうように教えると、親を探しまわらずに迷子センターに直行するようになりました。

伝えたいこと！ 迷子に限らず、困った時に周囲に助けを求める力をつけておくことは大切です。自分の状況を周囲に伝えられるようになる第一歩かもしれません。

2-8 ケガや事故にあわないように

もやもやエピソード

突然、走り出すので目が離せません。体のバランスをうまく保つのが苦手だったり、気になるものがあると急に飛び出したりすることがあり、ケガをしないかと心配です。

ここかな 1 危険なことを教えていく

- 幼い頃から、家の中でもケガにつながるようなことは、できるだけわかるようなことばで伝えてきました。外に出かける時は、交差点や階段などで、「気をつけようね」と、具体的にルールや行動の仕方を説明しました。
- 幼稚園の時、タクシーにぶつかるという事故にあいましたが、打撲で済んでホッとしました。タクシーとお見合いをして、車を見て止まる、止まったら車が止まったので出たら向こうも動いてぶつかったという状況でした。横断歩道でなくても、車の前を渡る時は手を挙げて、運転している人の顔を確認することを教えました。

伝えたいこと！ 親と一緒に行動する幼い頃から、子どもの周囲にある危険な場所を教えていくことで、子ども自身が自分で気をつけて行動できるようになっていきます。親自身が交通ルールを守ることも大切です。子どもは親の行動を見て覚えていきます。

ここかな ② 子どもの普段の行動を把握する

- 子どもは高い所を見るとすぐ登りたくなり、おとなの腰の高さぐらいの石垣に飛び乗ろうとしたり、歩道の少し高い縁石ばかり歩きたがるなどして、困りました。目に入ると登らずにはいられないようでした。線の上や少し高いところを歩くことは、目安ができてまっすぐ歩くことができ、楽だったのかもしれません。交通量の多い場所では危ないので、親といる時は必ず、車道と反対側を歩かせて、歩道の縁石を歩かせないようにしていました。いかに危ないか言って聞かせていました。
- 高いところが好きで、あっという間に公園の遊具の高いところやブロック塀、木などに登っていました。登ってしまう前に止めることがなかなかできなかったので、そこからジャンプして飛び降りないように、気を付けていました。ことばの理解が少しずつできてくると、「こっち側から降りておいで」とか「手すりを持って」とか「足をここに置いて」といった声かけを聞いて降りてくるようになりました。小さなケガはしょっちゅうでしたが、幸いなことに大きなケガをすることはありませんでした。
- 子どもが2歳前の頃、散歩をしている時に、駐車場の塀の金網を触りながら歩いていたら、さびて切れていた箇所で手を大きく切ってしまいました。かなりの深い傷で、親もパニックになりましたが、通りかかった人がすぐ近くの病院を教えてくれました。すぐに対処してくれて3針縫いました。普段の散歩の時から子どもが塀を手でこすりながら歩くのを見ていたのに、危険があることを事前に話すなど気をつけられなかったことに大反省しました。

伝えたいこと！ 子どもが公園で楽しく遊ぶのを見ているうちに、「あれもこれも危ない」と止めてしまうのではなく、いろいろな経験をするほうがよいと思うようになりました。ケガや事故に注意しながら遊べるように、普段から子どもの行動をよく見ることが大切かもしれません。

ここかな 3 ケガや事故に備える

- 外へ行けば、切り傷やすり傷は必ずつくるので、いつも救急セットを持ち歩いていました。公園にもだいたい水道はあるので、すり傷や切り傷はていねいに水で洗って、滅菌ガーゼを当てて、伸縮ガーゼでぐるぐる巻いて、ばんそうこうで止めていました。消毒液を使うなら病院に行くことになった時、傷口の状態が良く見える透明なものを使うといいと言われました。
- 公園で遊んでいて、役立ったのがとげぬきでした。木のささくれなどが手に刺さった時も、すぐにきれいに抜くことができました。とげの先が入ったままだと心配ですが、きれいに抜けさえすれば消毒して救急ばんそこうを貼っておけばオッケーです。家に急いで帰ることもなく、外遊びを続けていました。

伝えたいこと！ ケガや事故の時の応急手当を知っておくと安心です。ケガだけでなく、暑い時の熱中症や蜂などに刺された時など、早めの対応が必要な場合もあります。幼児期は、濡れたり、泥だらけになったりするので、着替えもあるといいですね。

COLUMN

子どもと一緒に お出かけ準備

子どもを連れて出かける予定がある時は、子どもと一緒に準備を進めていくと、親子でのお出かけが楽しみになります。

❶ お出かけについて子どもに相談しよう

行く場所が決まっていなければ「どこに行きたい？」、何をするか決まっていなければ「何したい？」、目的地や内容が決まっていれば、「どうやって行けばいいと思う？」。行きと帰りは違った経路にしたいとか、子どもなりの提案をしてくれるようになります。通院など子どもにとっては気の進まない外出でも、往復の経路が楽しみになることもあります。

❷ 自分の持ち物は自分で準備しよう

どんな外出でもタオルや水筒といった持ち物はあるはずです。少しずつ自分の持ち物の管理もできるようにしていきましょう。子どもが持っていきたい物や、どこで何に使おうと思っているかなど話す機会にもなります。「そんなもの持っていかなくても……」と親が思っても、本人のワクワク感を大切に。お出かけの内容を話しているうちに本人が納得して持っていくのをやめることもあります。

❸ ごっこ遊びで予行練習しよう

家から出れば公共の場。「したほうがよい行動」「してはいけない行動」とその理由は、出かける前に家で伝えておきたいですが、言い聞かせるだけでは子どもの頭に残りません。「○○で△△をしてみよう」といった「ごっこ遊び」を普段からしておくと効果的。ごっこ遊びが苦手な子もいますが、本人が興味を示す方法で誘ってみましょう。

第3章

自立の第一歩

～親と離れて出かける～

成長に伴って「家族で出かける」から「友人と出かける」「ひとりで出かける」と子どもの行動は広がります。親と離れて行動するのは、自立の第一歩。いつから許すのか、どこまで許すのか、迷いながら日々を過ごすこともあるでしょう。

発達が気になる子を育てる中で、親は子どもが失敗しないように先まわりして、あれこれと手や口を出してしまいがちです。私も、子どもが中学生になっても、ついちいさな子に対して言うようにいつまでも「こうしたほうがいい」と言い聞かせることが習慣化していました。

外へ出る経験は、子どもの自立性や社会性、金銭感覚を育みます。子どもの様子や地域の環境、わが家の事情、本人の成長を考えながら、基本的なルール（帰宅時間、行き先がわかるようにするなど）を日頃から話し合うことが大切です。ご近所の親同士で、情報交換をするのもよいですね。家族や地域の人たちが成長を見守り、チャレンジしていることへ励ましや応援メッセージを伝えることで、「自己肯定感」「自己効力感」をもつようにもなります。

3-1

おつかい

もやもやエピソード

小学２年生の息子に、家の前のコンビニで買い物を頼んだ時、自信がないのか、同じことを聞きに何回も帰ってきました。いつも一緒に買い物をしていた店で、いつも買っていた物を頼んだだけなのに、一人ではすんなり買い物ができないことに驚きました。

ここかな 1

買い物を頼む理由をていねいに説明する

- 10円玉が必要だったため、５歳の息子に200円を渡して、家の近くの自動販売機で飲み物を買ってきてもらうことにしました。おつりが80円で、その10円玉が今必要なことを説明して、おつりを取り忘れないように頼みました。「おかげで助かったよ」と少し大げさに伝えると、それ以降「何か買うものがあったら、買ってきてあげるよ」と申し出てくれるようになりました。
- 小学生の子どもにおつかいを頼んでも「イヤ」の一点張りでした。「自分の好きなお菓子を１つ買ってきてもいい」とか「テレビでもっとちいさい子が一人で買い物に行っているよ」とか言ってもだめでした。ある日、「明日の朝の牛乳が足りないと困るから、牛乳だけ買ってきてくれると助かるんだけどなあ」と言ったところ、「買ってきてあげようか」とすんなり行ってくれました。それまでの私の頼み方が響かなかったのかもしれません。

伝えたいこと！　突然、親が「一人で買い物に行ってきて！」

と伝えても、どうして自分が行かなければならないのか納得できない子もいます。特に、はじめておつかいを頼むときは、おつかいに行ってほしい理由をしっかり説明すると、納得しやすいようです。子どもには「頼られている」という気持ちと「一人で不安」という気持ちが混在しているはずです。ちょっと背中を押す動機づけが必要です。

ここかな 2 子どもに合わせて工夫する

- おつかいを頼む時は、「もしわからなかったら、これをお店の人に見せるように」とメモ書きを渡していました。実際にお店の人にメモを見せることはなかったようですが、本人には安心だったようです。そのうち、買い物を頼むと、自分でメモをしてから行くようになりました。
- おつかいを頼む時は同じ商品の写真をスマートフォンに送り、だいたいの売り場も伝えるようにしていました。

伝えたいこと！ おつかいには「お金を払う」という部分があるため、頼まれたほうは失敗したらどうしようと不安になります。もし間違って買ってきてしまっても、返品や交換ができると伝えたことが安心材料になったようです。

ここかな 3 自立の練習にする

- 支援機関のキャンプの食料買い出しで、油を買い忘れたことにスタッフが気づき、一人で買い物を任されました。「一番小さいサイズのサラダ油」という指示でしたが、お店には大きいサイズの物しかなく、また大きいサイズだと預かったお金では足りなくて、結局ごま油を買ってきてしまったということがありました。家では、購入する物を写メし、お金も余分に持たせていたので、買い物はできると思っていた部分があり、以来、あえて細かく指定せずに買い物のお願いをすることにしました。たとえば「卵買って来て」と頼んだ時は、売り場から「卵は白い方？ 赤い方」と電話で聞いてきました。「濃口しょうゆ」の時は、売り場から自分で写メして、「どれ？」とメールしてきていました。買ってきた物に対しては、絶対に否定しないよう気をつけていました。

- 高校生の時、よく利用するスーパーで、「○○持ってきて」「これ、売り場に戻してきて」と頼みましたが、どこに何が置いてあるのかわかっていませんでした。よく利用するスーパーでも、自分の興味のある売り場以外は、陳列場所も、品名もほとんど知りませんでした。一緒に買い物をしていても「見ているだけで自然に覚える」ということはないのだと思い、それからは買い物に行く時は一緒に売り場をまわり、私が買いたいものを言い、本人が棚から商品を取ってかごに入れるようにして、覚えられるようにしました。

伝えたいこと！ おつかいは子どもにとって、店への行き方や店員さんとのあいさつ、コミュニケーション、お金の渡し方などを学ぶことができ、社会性を学ぶ機会になります。海外では子どもひとりで買い物をさせることが難しい国も多い中、日本に昔からある生活の中でのソーシャルスキルトレーニングなのかもしれませんね。

3-2 子どものひとり行動

もやもやエピソード

小学５年生の息子は「○○展」といったおもしろそうな企画展のコマーシャルを目にすると行きたがるのですが、親は忙しくて連れて行けません。本人は「一人でも大丈夫」と言うのですが、「中学生になったら」と許していません。中学生になったとしても、友だちと一緒だとそれも心配だし、一人で行かせるのも心配だし、なかなか決断できそうにありません。

ここかな 1
好きなことから行動範囲を広げる

- 電車が好きで、幼い頃から親子でよく出かけていました。小学１年生の時、「一人で電車に乗ってくる」と言い出したので、たぶん大丈夫だろうと送り出しました。でも、自信がなかったらしく、駅の改札まで行って乗らずに帰ってきました。１週間後に再挑戦し、予定の電車ルートで帰ってきました。ちょっと興奮気味に報告してくれる様子に、彼にとっては結構勇気を振り絞って挑戦したひとり旅だったのだと思いました。それ以降は、どんどん電車ルートが伸びていき、今は青春18切符で出かけまくっています。
- 中学生になってから、一人で乗り鉄を楽しんでいます。部活（鉄道部）の仲間に誘われて、カメラ片手に何度か他県へ在来線に乗りに行ったことはありましたが、自分から誰かを誘ったことはないと思います。親は、はじめのうちは、仲間と出かけたらいいのにと思ったのですが、本人が自分で計画を立てて行動範囲を着実に広げているので、本人の世界もそれなりに広がっているのではないかと思うようになりました。

- 小学校に入ると、自転車に乗って一人で出かけるようになりました。何かあった時の連絡先を書いた手帳と1000円札を１枚持たせました。誰かに迷惑をかけたり、お世話になった人がいたら、その手帳に書いてもらうように約束しました。休日にはかなり遠くまでお弁当持ちで出かけて行きました。途中でタイヤがパンクした時も、通りかかった人が自転車屋さんまで連れて行ってくれて、多くの方に親切にしてもらいました。持たせた手帳に状況を書いていただいたので、すぐにお礼の電話を入れたり、後日お礼に伺うこともできました。周囲の人に助けてもらう体験ができて良かったと思います。今は子どもをめぐる事件も多く、一人で外に出すことをためらう時代になってしまいましたが、子どもが幼い頃に「人を信じる」第一歩になったのは間違いないと思います。

伝えたいこと！ 本人も好きなことに対しては、ひとりで出かけるハードルが低くなるようです。親にとっても、子どもをひとりで出かけさせやすくなるように思います。ひとりで遠出してハプニングもありましたが、多少の失敗より好きなことへの好奇心のほうが勝るのか、自分で次の計画を立てて出かけていました。親と一緒では経験できなかったこともたくさんあったと思います。

ここかな② 地域の人たちの見守り

- 小学１年生の時に駅前の八百屋さんへリンゴを買いに行かせました。心細かったのか、出かけるまでソワソワしていましたが、30分後に元気よく帰ってきました。あとで八百屋さんに聞くと赤いリンゴか黄色いリンゴで迷っていたそうで、「そうだ！　おかあさんは赤いリンゴが好きだった！」と言って赤いリンゴを買ったと聞きました。子ども会でもお世話になっているおじさんなので、安心して送り出すことができました。息子はその後、行動範囲が広がり、地元のいろいろな場所へも行けるようになりました。

- 小学１年生の時、放課後一人で自転車に乗って出かけていき、なかなか帰ってこないと心配していたところ、15分ほど離れた住所の方から電話が入りました。自転車で転んですり傷ができているとのこと。急いで迎えに行くと、家の中で傷の手当てもしていただいていました。子どもに持たせていた連絡先を見て、電話を入れてくださったのでした。ちょっと冒険心を出して、はじめて一人で校区の外まで出た時のケガで、本人も心細かったはずですが、見知らぬ方に親切にしていただいて、親子ともども感謝の経験でした。

伝えたいこと！ 子どもが一人で出かけると、自分で判断することや、コミュニケーションが必要なことも出てくるでしょう。あまり話すのが得意でなくても、どうにかやり取りをして帰ってくることもあります。子どもは親の知らないところでも、まわりのおとなに支えられながら経験を積み重ねて成長していくものかもしれません。親が先まわりしないように気をつけて、見守ることを心がけていました。

3-3

通学など

もやもやエピソード

子どもが小学５年生になり、塾に通わせようかと考えています。本人は一度体験に行った電車で通う塾が気に入ったようですが、放課後、ひとりで電車で通うのは不安なようで、「行く」と言ったり、「行かない」と言ったりでなかなか決まりません。

ここかな１ 子どもの不安を少しずつ解消する

- 小学１年生の下校時、グループから離れて家まで一人になる道を必死で走って帰ってくるところを目にして、周囲を見ずに走り、車も目に入っていないのに驚き、１年生の間は下校のグループが解散する場所まで迎えに行くことにしました。下校時間が少し早く、迎えに行くのが遅れた時、家の近くまで一人で戻ってきていたことがありました。「走らないで歩いて帰ってきた」という子どものことばに、子どもも気をつけるようになっていることがわかり、ホッとしました。
- 小学３年生の時に学童保育に通うことになりました。友人の家にも行ったことがなかったのですが、行きは親が一緒に行き、帰りは一人で帰ることにしました。何日かして、好奇心からか帰りの道をあちこち歩いて、道がわからなくなりました。父親が地図を書いて、「この通りに帰ってくるんだよ」と伝えると、地図通り帰ってくることができました。自信がついて、毎日違う道を歩いてみたいと思ったのか、おこづかいで地図を買って道を調べるようになりました。知らない道でも行けるようになった頃から、いろいろなことに積極的になったように思います。

- 不安が強く、道が覚えられない子なので、小学３年生から通うことになった片道20分程度の放課後等デイサービスに、一人で自転車に乗って行けるようになるまでに半年以上かかりました。一度失敗してしまうと挑戦しなくなってしまうので、親が伴走し、親子２台の自転車で行き来しました。半年以上伴走を続け、本人が「行きも一人で行ってみようかな」と言うのを辛抱強く待ちました。ようやく「一人で行ってみる」と言って、往復できた時は親子でバンザイして喜びました。
- わが家は基本的に車移動、親子一緒の行動でしたので、一人行動に慣れるため、通っていたスイミングスクールに一人でバスに乗って行くことに挑戦しました。①親子でスイミングスクールにバスで通う。②慣れてきたところで、一人で家を出発、バスに乗るところを父親が確認する。母親は先に終点の最寄り駅で待っていて、バスから降りたところで合流する。③慣れてきたら、スイミングスクールで合流する。④帰りのバスに乗るところを母親が確認し、帰宅するのを父親が待つといった細かいステップを踏みました。

学んだこと！ 何ごともスモールステップが鉄則。焦らずにゆっくり一歩一歩進むことが一番の近道です。本人の不安だけでなく、親自身の心配解消にもつながります。ひとりで通学できるようになることは乗り越えなければならない課題なので、親子ともどもスモールステップを踏んで挑戦しようという気持ちになりやすかったように思います。挑戦するうちに、「親の心配」「本人の不安」が「子どもへの信頼」「本人の自信」 に変わっていく過程が見えてきて、親が少しずつ子どもの手を離していく大切さを学ぶことができました。

ここかな② 状況を見て工夫していく

- 息子は電車15分とバス10分の場所にある中学校に越境通学し、基本的な公共交通機関の利用を身につけました。中学３年生から高校１年生にかけては、学校帰りに県をまたぐ遠くの相談機関や通院先へ一人で行く練習をしました。まず、中学校の最寄り駅改札で親と待ち合わせをし、先頭車両に乗るところから始め、次はターミナル駅のホーム先端で合流するようにしました。携帯で連絡しあう練習もしました。さらに他線への乗り換えを教え、目的地最寄り駅改札、現地での待ち合わせと、数回かけて徐々に距離を延ばして、約１年かけて相談機関へ一人で通えるようになりました。通院では、複雑な地下鉄の乗り換えが２か所あり、迷子や列車の遅れなどでうまくいかないこともありましたが、乗り換え場所での待ち合わせポイントを決めて、いまどこにいるかをお互いに確認して移動するようにし、数回の練習でクリアしました。わが子は連絡が苦手な上、自分ではうまくできていると思っているので、どのような場合に連絡が必要なのかわからず、練習中は大変でした。一人で行けるようになると、トラブルもなかったのか、連絡してくることはありませんでしたが、遅刻するのに先方へ連絡することの必要性がわからず、平気で遅刻するようになってしまいました。
- 中学生になり、電車とスクールバスを使って通学することになりました。定期や財布を忘れないようにする工夫や忘れた時用のお金などをかばんに入れておくことなど、本人と確認していましたが、学校に財布を忘れたり、準備していたはずのお金を使い込んでいて、15kmくらいの距離を歩いて帰宅することが何度かありました。財布にチェーンをつけズボンから離れないようにすることや、かばんに連絡先のメモや予備のお金を入れておくことなどを何度も本人と確認していく中で、社会に出ていく準備ができたと思います。
- 塾へ通う時、近所の顔なじみの上級生も同じバスに乗ることがわかりました。親御さんや上級生にお願いして、バスの中でさりげなくおしゃべりしながら、見守ってもらいました。

伝えたいこと！ 通学などはある程度の期間通うことになるので、行き帰りが不安だと登校という本来の目的に影響がでることもあり、親も焦りがちです。こういった親の焦りが、子どもに無理強いすることにつながってしまい、逆効果だったこともたくさんありました。また、本人に学校や塾そのものに通いたくない気持ちがあると通学に不安を訴えたり、逆に通学自体が不安だと学校や塾も嫌いになってしまったりすることもあります。通学は経路も決まっていて、慣れてくると親は気を配らなくなりがちですが、子どもの様子を見守りながら、子どもが安心して通っているか確認すると良いと思います。

3-4 親と離れての宿泊

もやもやエピソード

小学４年生の娘は、日帰りであれば電車やバスを利用して、ひとりで出かけることができます。しかし、電車で１時間ほど離れたところに住む祖父母から、「もう、ひとりで泊りに来られるんじゃない？」と言われても、祖父母は大好きなのに、ひとりではまったくその気になりません。小学５年生の林間学校に向けて、お泊りの練習になればと思うのですが、無理強いすることもできず、どうしたものかと悩んでいます。

ここかな 1 お泊りの準備

- 幼稚園の年長になるとお泊り保育があるので、その前に近くにある実家に協力してもらい、一人のお泊り体験をする計画を立てました。①買い物の帰りに寄って、場所に慣れておく　②ときどき預けて買い物に行く　③一人でおばあちゃんの家に行くという順番を経てお泊りをしました。いつ連絡が来るかと思っていましたが、夜になっても連絡はありませんでした。子どものちいさな一歩と思うと、なんだか嬉しくもあり寂しかったことを覚えています。おかげで、「ひとりお出かけ体験」と「お泊り体験」を同時にできただけでなく、幼稚園のお泊り保育は、親子ともども不安なく過ごすことができました。
- 小学１年生でのはじめての宿泊体験は、幼稚園の年中から通っていた体操教室主催のサマーキャンプでした。先生方は体育会系の元気で明るい方ばかりで、宿泊体験のパンフレットを子どもたちに見せながら、何に乗ってどこへ行くか、「外でバーベキューやカレーづくりをするよ」「丸太のロッジに泊るよ」など、子どもたちが行きたい気持ちになるように楽しく具体的に説明してくれました。

- 近くに泊まりに行ける親戚の家はなかったので、ちいさい頃からホテルなどに泊まりに行くようにして、幼稚園年長の時から着替えや洗たく物などは自分の分を分けて管理させて、自分でかばんに詰めさせたりしました。「小学校の宿泊体験までに何とか持ち物だけでも管理できるように」が目標でした。

伝えたいこと！ 親と離れての宿泊は、ちいさい頃はちいさいなりに、大きくなればなったで課題は出てきますが、子どもの成長に合わせて、ルールをつくり、守ることができれば、その先の自立にもつながります。子どもの自立をさまたげる壁は、体験が必要なことがわかっていながら、「大丈夫かな」と不安を感じるおとなの側にあるのかもしれません。

ここかな 2 荷物の整理の工夫

- 宿泊の時に、２日目の靴下を見つけられずにずっと同じ靴下をはいて帰ってきたことがありました。それ以来、荷づくりの時は、子どもと一緒に「お風呂にはこのセットを持っていく」「汚れものはこの袋に入れる」「汚れものの袋はかばんの一番下に入れる」など、シミュレーションするようにしました。
- スケジュールを確認しながら、「１日目ふろ」「２日目朝」「２日目ふろ」「３日目朝」と書いた袋にそのときどきに取り出すものを分けて入れておき、袋だけを取り出せば良いようにしていました。汚れたものや着たものを入れる用の大きな袋も、すぐわかるように「汚れもの」と書いて、汚れものはその袋に入れるように伝えていました。
- 大きなかばんの中で衣類に紛れてしまい、しおりなどの書類や筆記用具を探すことに手間取ったことがあり、集合時に必要なしおりやノート、筆記用具などはかばんのポケットに入れるように決めました。

- 着ていた服などの汚れものは、荷づくりの時よりふくらんで、リュックに入らなくなってしまうので、「汚れもの袋」はリュックから出して持てるように、持ち手が付いている大きな布の袋に決めていました。帰ってくる時は、毎回、リュックと汚れもの袋は別に持っていました。

伝えたいこと！ 親と離れての宿泊で一番心配したことが、多くの荷物を自分で整理して、かばんに詰められるかということでした。普段の生活でも整理整頓が苦手な子なので、スケジュールに合わせて、かばんから必要なものを出し入れし、移動の時にすべて荷物を詰める作業は、時間もかかり、難しかったと思います。宿泊の際には「荷物に名前を書くように」と言われるので、面倒でも名前はきちんと書くようにしていました。誰のものかがわかれば、入れ忘れても必ず戻ってきました。

ここかな③ 親が子どもから手を離すきっかけに

- 子どもが小学生になってから、サマーキャンプといった子どもだけの宿泊活動に参加させてみたいと思ったこともありましたが、自分の持ち物の管理もなかなかできず、学校からクラスメートとのトラブルを報告されることも多かったため、迷惑をかけてしまうのではないかと思い、あきらめていました。小学4年生の時、住んでいる区内にエイサーサークルがあることを知り、親子で参加しました。そこで、夏休みの全国エイサー大会では、親と子はそれぞれ別のプログラムがあるけれど、宿泊場所は同じということがわかり、それならばわが子も参加できるかもしれないと思いました。わが子は、それまでの子どもキャンプの時はあまり乗り気ではなかったのですが、親と子は別行動だけど、同じ会場に行き、同じ場所に泊まることを説明すると、「行ってみようかな」という返事でした。普段のエイサーの練習で顔見知りの人が子どもたちの引率者ということもあり、親子ともども安心できたのかもしれません。結局、2泊3日のプログラムの中で、エイサー会場の中やそれぞれのバスに乗り込む際に子どもを見かけるくらいでしたが、メンバーの中で元気に過ごしている様子に安心しました。後で聞くと、最後に宿を出発する際の荷物の準備に手間取っていたそうですが、がんばって自分で荷物を整理していたそうです。
- 小学３年生の時、子ども会のキャンプがあり、子どもも「同級生と一緒に行きたい」というので、参加させることにしました。しかし、親としては不安なことばかりで、「荷物の整理はきちんとするように」「予定に遅れないように」「みんなにしっかりついていくように」と、うるさいほど言いきかせて見送りました。帰ってきた時、役員さんから２日目の朝に体調を崩したと報告を受けました。どうも親の注意が気になって、夜中に懐中電灯で荷物の整理をしていたようです。せっかく本人が参加する気になったキャンプなのに、出発前に不安にさせるような注意ばかり、口うるさく言ってしまったことを反省しました。

伝えたいこと！ 親は「転ばぬ先の杖」ばかり考えてしまいがちですが、本人が自分で考えて行動する力になっていなかったのではと思います。結局、ハプニングや失敗を自分で乗り越えた時に、子どもは自信をもち、大きく成長したように思います。

ここかな 4 子ども同士の育ちあい

- 小学１年生で、はじめて習いごとのキャンプに参加しました。ちいさい身体で重たい大きなリュックを背負い、自分で荷物の整理整頓ができるのか、夜寝つけるのか、みんなと楽しめるかといろいろ心配しましたが、自信に満ちた笑顔で帰宅したのを今でも覚えています。毎年参加するようになり、小学２年生以降はがんばって下の子たちの面倒もみていたようです。
- 宿泊体験に繰り返し参加するうちに、まわりの子の行動を見よう見まねでやったのか、少しずつ洋服をたたんでリュックにしまい帰宅するようになりました。あいさつや返事、努力を積み重ねて、できなかったことができるようになる喜びやみんなと協力することなどを教えてくれた場でした。幼稚園までは人見知り、場所見知りが激しく、私から離れると泣きっぱなしの娘でしたが、宿泊体験から、親抜きでいろいろな経験をすることの楽しさ、お友だちと過ごすことの楽しさが少しずつわかってきたように感じました。「かわいい子には旅をさせよ」は、まさにこのことだと思いました。

学んだこと！ 少々手がかかる子を育てていると、親がしっかり教えなければ……と思うあまり、親子だけの生活を送りがちになっていました。子どもを外に出す場合も「迷惑をかけないように」ということが最優先になっていました。子どもも一人で宿泊することが理解できなかったり、乗り気でない場合も多く、一人で宿泊させる挑戦は、親にとってハードルが高いものです。そんな時、周囲の人がプログラムの楽しさやワクワク感を子どもに伝えてくれて、子ども自身が「行ってもいいかな」と言い出したのは参加への大きなチャンスでした。実際行ってみると、子ども同士のかかわりの中でひとりでできるようになったことも多く、さらに友だちの助けになる経験までできたようでした。社会の中でのかかわりの大切さを、はじめて学んだ宿泊経験でした。

ここかな 5 お土産を買う

- お土産の購入は、親と一緒に出かけた時に、何回か練習しました。自分で相手のことを考えてから親に相談し、一緒に売り場のレジで子どもに買う経験をさせました。修学旅行に行くまでの間に繰り返すことで、お友だちに何を買うかを考えられるようになったと思います。
- 小学１年生の時、親子で旅行に出かけ、おばあちゃんへのお土産を買うことになりました。お金を使う練習や相手が喜ぶお土産を選ぶ練習になると考え、子どもに選ばせることにしました。「おばあちゃんは甘いものが好き！」など、いろいろ考えて、温泉まんじゅうに決めてお金を払いに行きました。ところが、「お金が足りなかった！」と泣いて帰ってきました。改めて話し合い、個数が少ない温泉まんじゅうを買うことにしました。同じものでもサイズや個数で値段が違うことを学ぶ良い機会になりました。
- 一人でお土産を買う時に、何を買ってよいか決められないことがあったので、事前に子どもと一緒に考えていました。人数や相手とのかかわり方で、何人くらいが集まるグループなのか、渡す相手が何を好きかなどを考えておくようにしました。毎回、「みんなで分けられるように個包装のもの」「その場で食べなくてもよいもの」「金額的には、1500円くらい」「持って帰ってくるのでかさばらないもの」「個別にあげる時は、もらった相手が困らない300〜800円ぐらいの金額にすること」などを伝えていました。しだいに渡す相手と買うものが決まってきて、仲良しグループには20個ほどの個包装のお菓子、個人には500〜1000円ぐらいのキーホルダーやクリアファイルといったご当地ものに落ち着いてきました。

伝えたいこと！ 宿泊先でお土産を買うのも集団行動の中の限られた時間であることが多いので、小学生までは事前に買うお土産を決めておいたほうが、本人も安心だったようです。中学生になると、家族に何を買おうかあれこれ売り場を見てまわる余裕も出てきて、「○と△で悩んだけれど、こっちにした」と選んだお土産を渡してくれるようになりました。お土産を渡す時、相手が喜んでくれるのが嬉しいようです。

3-5 ひとりで出かけた時のアクシデント

もやもやエピソード

幼稚園年長の時に、スーパーで買い物用のカートを押して走り出し、商品に当たって瓶を割ってしまい、割れた分の弁償をしたことがありました。小学３年生の今も落ち着きがなく、学校からもトラブルの報告ばかりです。おとなが一緒にいないと、他人に迷惑をかけた場合の対応に困ると思い、ひとりで外へ出すことに躊躇（ちゅうちょ）しています。学校から帰ってくる時も、幼い頃から知っている同じマンションの友だちと一緒に帰ってくるようにしてもらったり、放課後も友だちと遊ぶ時は自宅に来てもらっています。いつまでもこのままではいけないと思うのですが、トラブルになることを考えると、ひとりで出かけるのは今はまだ難しいように感じています。

ここかな 1 事故を起こしてしまった時

- 小学生の時、友だちと出かけて電車に駆け込んだはずみに、手に持っていたペットボトルを線路に落として、発車を止めてしまいました。たまたま最後尾車両だったので、車掌さんが「大丈夫、気にしなくていいからね」と何度か声をかけてくれたそうですが、まわりの視線と空気に泣きそうになったそうです。しばらくして安全確認ができて運転再開となりましたが、思いがけない経験でした。
- 小学４年生の時、自転車で高級外車の横をすり抜けようとして、自転車のハンドルで車の側面に傷をつけてしまいました。相手の方から「大切にしている車をどうしてくれるんだ」と電話があり、すぐに現場に向かいました。家を出る前に警察署に連絡して状況を話し、現場に行っていただくようにお願いしました。現場に着くと、すでに警察の人も着いていて、子どもに「車にあたった時、車は動いていた？」「ケガとかはしていないか？」など、いろいろ状況を聞いてくれていました。結局、相手の方の自賠責で修理することになりました。

伝えたいこと！ ひとりで出かけた時のアクシデントの状況は、本人に聞いてもよくわからないことがあります。もともと説明することが苦手なうえ、突然のことにパニックを起こしやすいということもあります。親もつい問い詰めてしまいがちです。落ち着いて本人の話を聞くことができる第三者がいると心強いです。

ここかな 2 被害にあってしまった時

- 小学４年生の時、自転車に乗っていて、自動車にひっかけられて転倒したそうです。頭を打ったようですが、運転していた人に「大丈夫です」と伝えてしまい、親に連絡するようにも言ってもらえず、そのまま友だちとプールへ行ってしまいました。帰宅後、事故にあっていたことが判明し、そのような場合の適切な判断と必要な行動について親子で話をしました。
- 小学４年生の頃、スイミングスクールの往復の電車の中で、同じスイミングスクールの子にからかわれたり、つつかれたりしたようで、電車のドアが閉まる直前に降りたという話を聞きました。子どもにすれば、わが身を守ったということでしたが、そのような危険なことはしないほうがいいと話し、しばらくは車で送迎しました。

伝えたいこと！ ひとりで出かけて困ったことがあった時は、近くの人に助けを求めて、親に連絡してほしいと頼むように話していました。電車の場合だったら駅員さん、町の中だったら近くの人に交番に知らせてもらう、店の中だったら店員さんと、場合によって具体的な対応を話し合っていました。実際に通りがかりの人から電話が入ったことがあり、事故の場所や状況がわかって、親も落ち着いて行動できました。

ここかな③ 日頃のシミュレーション

- 小学校高学年になると、一人で電車に乗ることも慣れてきて、電車が大好きな息子は日曜日に電車とバスを乗り継ぐ旅に出かけていきました。事故で電車が止まってしまったことがあり、人の流れに沿って見知らぬ駅にたどり着き、駅員さんに聞いてどうにか帰ってきました。朝出る時に何かあった時のために持たせたお金が役立ちました。帰ってから、父親と路線図を見ながら、「こうすればよかった」「ああすればよかった」と反省会。それからは時間があれば、路線図を見てトラブルに備えるようになりました。高校の通学でもたびたび電車が止まることがありましたが、他の行き方ができて、心配することはなかったです。

伝えたいこと! 何かトラブルがあると、親も子どもひとりで外に出すことが不安になってしまいます。想定外のことがあった時こそ、親子でよく相談して、どうすればよかったのか話すことが大切だと思いました。子どもが外の世界に不安を抱えないように心がけていました。

ここかな④ 緊急時・災害時への備え

- 不測の事態に陥った時、親に連絡が取れる状態にしておくために、スマートフォンは忘れずに持っているか、充電はできているかを確認して送り出しています。
- 災害時には携帯電話がつながりにくくなるため、かばんにお守りと一緒に対応方法を書いた紙の入ったアクリルカードケースをつるしてあります。SNSやLINEアプリなど普段使っていても、通話がつながらないとパニックになって操作方法を忘れてしまうかもしれないので、子どもにわかるように簡単に書いています。

- 災害用伝言ダイヤル（171）の使い方を、体験提供期間を利用して、子どもと確認しています。息子の小学校では災害時の公衆電話の使い方を学ぶ授業があり、実際に息子から電話がかかってきました。その時、緊急時には赤いボタンを押すことで警察や消防につながることも教わったそうです。どのような時に緊急ボタンを使うのか、授業で話し合ったと言っていました。

伝えたいこと！ 子どもにスマートフォンを持たせるようになってから、何か起これば連絡してくるということが親の安心につながりました。本人にとっても困った時のお守りとなりました。高校（特別支援学校）はバス、電車を使っての通学だったので、電車の遅延があった時など、本人が直接学校に連絡ができるように、学校に電話を受けてもらい練習しました。これは就職してから通勤時の不測の事態の時に、まずは会社に電話して指示を仰ぐことができたので良かったです。スマートフォンは行き先への交通手段の検索もできるので、子どもにとって外出への不安はさらに軽減されました。

3-6 子ども同士で出かける

もやもやエピソード

小学5年生になり、学校の保護者の間では、子どもだけで出かけた時の問題が話されるようになってきました。わが子の場合は、友だちとの付きあいもなく、ひとりで出かけることがほとんどです。友だちとのトラブルを考えると、本人が一人で良いなら、無理して友だちと出かける必要もないかと思ったり、本人に合った距離を保ちながら友だちと付きあう経験を積むことも大切かと思ったり、思春期に向けてどうしたらよいのか悩みます。

ここかな 1 日頃から親同士の情報交換

- 小学3年生になって、少しずつ行動範囲が広くなってきた頃、道でばったり会った友だちと遊んできたことを話してくれました。親同士で話したところ、遊ぶ時のルールや帰宅時間について、同じような悩みをもっていることがわかり、その後、親同士の情報交換の大切さについて学校の保護者会で話し合いました。親同士が楽しみながらお互いのつながりをつくっておくと、ちょっとした時に助かる、助ける場面も出てきます。
- 小学5年生の時に、いつも遊んでいる友だちに、夏祭りに誘われました。夕方になって、少し心配になり外へ出たら、近所の人が「○○ちゃん、お友だちと楽しそうに盆踊りを踊っていたわよ」と教えてくれました。帰ってきた子どもに聞くと、「子ども会の金券をもらい、何を買おうか迷った。時間を考えて早めに解散した」な

ど子ども同士も考えて行動したことを知りました。日常から地域の人との交流や夏祭りの地域パトロールに守られ、子どもたちが成長していくことを感じました。

伝えたいこと！ 友だち付きあいが不得手なわが子でしたが、親同士がよく話す子とは結構仲良くしてもらっていました。特にわが子のことを説明したり相談したりすることはなかったのですが、親同士の付きあいから子ども同士も何となく理解し合うところがあったのかもしれません。親同士が話せる関係だと、子ども同士で出かけた時も、何かあってもどうにかなるだろうという妙な安心感がありました。

ここかな 2 ルールを決めておく

- 小学校高学年の頃、お金の使い方、行ってもよい場所・いけない場所など、わが家と友だちの家庭ではルールの違いがありました。友だちとの行動で、断るべき場面ではきっちり言うように伝えていました。
- わが家では、友だち間でおごったり、おごられたりすることはしない約束をしていました。それでも、高校生になってから、友だちに繰り返し少額のお金を貸して、一度も返してもらえないことがありました。改めて、働いて自分で稼ぐまでは、お金の貸し借りやおごりはなしにするように子どもと話し合いました。お金の貸し借りは、かえって友だち関係を壊すことにつながることがあると説明しました。
- 子ども同士で映画に行きたがりました。小学生の頃は、都合がつく親が交代で一人付いていくようにしていました。映画の前にスーパーでお菓子を買いましたが、音が出ないものを選ぶように教えると、毎回言わなくても自分たちで選べていました。おしゃべりはしない、騒がないということも自分たちで決めていたようで、映画鑑賞のマナーを覚える良い経験になりました。中学生になると、子どもだけで映画に行くようになりましたが、門限などのルールは決めていました。

- 息子は小学生になった時から、休日は結構遠くまで自転車で出かけていたのですが、小学３年生の時にその話を聞いたクラスメート４人と「日曜日に近くの川の上流まで行ってみる自転車旅」を約束してきました。親同士で連絡をとって、出かけるまでに一度集まって計画とルールを決めるように子どもたちに話しました。「お弁当と飲み物は持っていき、途中でお店に入らないこと」「誰か一人が帰ろうと言ったら、目的地まで行かなくても同じ道を帰ってくること」「グループから離れず、みんな一緒に行動すること」など、子ども同士で決めていました。結局、心細くなった一人が途中で帰りたがったので、みんなで早めの帰宅になりましたが、一人気ままに出かける以上に良い思い出になったようです。

伝えたいこと！ 子どもを取り巻く環境の変化には、目を見張るものがあり、ついつい外出を制限することもあります。しかし、行動範囲が広くなることでいろいろなことを学ぶチャンスもでてきます。わが子の成長と友だちとの関係を把握しながらルールを決めて、経験を積み重ねるうちに子ども同士でルールを決めることができれば、友だちとの関係も育っていきます。

ここかな３　本人が自分に合った友だち関係をつくる

- おとなしいタイプのひとりっ子なので、親としては人とかかわる機会を増やしたいと思っていました。子ども会など同世代が集まる行事には、積極的に参加し、本人もそれなりに楽しんでいたように見えました。世話好きな子が一緒に参加してかかわりを持とうとしてくれたおかげで、助かっていたところもあります。大学生になった今、当時のことを本人に聞くと、「学校と同じように参加するのが当たり前、参加しなければいけないと思って行っていた。今の自分ならば、断っていると思う」とのこと。親が人とのかかわりを重視しすぎていたかもしれません。

学んだこと！ 子どもが学齢期の頃は、友だちと仲よくできることが大切だと思っていましたが、子どもが成人した今は子どもが自分に合った距離感を持って人と付きあい、社会と接していく力をつけていくことが大切だと思うようになりました。娘は高校生の頃は、周囲の友だちに合わせることに気をつかっていましたが、社会人になった今は、心許せる数人の友だちと毎月決まった日に決まった場所でランチ会を楽しんでいます。無理せずにいられることが、関係の長続きにつながっているようです。

ここかな ❹ 親が把握しておくこと

- 小学４年生ですが、友だちと遊ぶ時は、いつ、どこで、誰と遊ぶのか確認しています。親に伝えた場所から移動する時は、携帯電話で知らせるように言っています。
- 小学２年生の時、友だちと近くの公園で遊んでくると言って出かけました。帰る約束の時間が近くなったので、公園まで迎えに行ったところ、姿が見当たりません。違う道を帰って行き違いになったのかと思い、家に戻りましたが、帰った様子もなく、少々焦りました。家の前でウロウロしていると、公園とは別の方向から帰ってきました。友だちの家の方向を遠まわりして帰ってきたようです。時間通りには帰ってきたので、子どもを叱る気持ちを抑えて、遊びに行くといった公園にはいなかったので事故や事件にあったのかと心配したこと、公園から家まで通りそうな道を考えて姿を探しながら帰ってきたことなど、親の気持ちを伝えました。予定を変更すると、伝えている相手が心配するということをわかってくれたようで、後日「遊び場所を変えるとおかあさんが心配するから」

と友だちに話したと報告してくれました。

- 中学入学直後、「同じクラスになった子が帰りにアイスを買ってくれて、公園で一緒に食べた」と子どもが話しました。はじめてのことで驚きました。相手は友だちになるきっかけにしたかったようですが、お金の貸し借り、寄り道や制服のまま飲食するのは良くないことなど、子どもと話しました。たまたま相手の電話番号がわかったので連絡し、アイス代を明日払うこと、今後はやめて欲しいと伝えました。それ以降は、おごってもらうことはなかったようです。
- お友だちが多くなり、子どもだけで出かけることも多くなったある日、娘が「きょう、○○君が外で待っててと言ってコンビニに入ったまま出てこなくて、見に行ったらお店の人に怒られていた」と話し、ショックだったのか泣き出してしまいました。娘の話の内容から、店内での万引きを疑われたように感じました。それを機に友だちと一緒に出かける時は、お店に入らないことなどを話し合いました。このようなことが身近に起こるものだとは思っていなかったので、子どもの行動を把握することの大切さを改めて感じ、子どもとよく話をするようになりました。

伝えたいこと！ 学校によっては、子どもだけで校区外に遊びに行くことやショッピングセンターに行くことを禁止していることもあります。小学生では危険を伴うことも考えて、子ども同士でショッピングセンターへ行く時は、都合がつく保護者が同行し、離れた場所から様子を見守ることをルールにしている学校もあるようです。しかし、子どもだけで出かけた時に、友だちから「行ってみよう」と誘われることもあるでしょう。結局は、普段から親と子どもがよく話し、信頼し合っていることが大切になってきます。

COLUMN

精神的自立

子育ての目標は、子どもを自立させることと言われます。自立には、「経済的自立」「生活的自立」「精神的自立」の３種類がありますが、「精神的自立」については、どのような状態を精神的に自立できているとするか、わかりにくいところがあります。「精神的自立性尺度」（※）では、精神的自立を「目的志向性」と「自己責任性」と示しています。

【目的志向性】自分の生き方や目標が明確であること
1、趣味や楽しみ、好きでやることをもっている
2、これからの人生に目的をもっている
3、何か夢中になれることがある
4、何か人のためになることをしたい

【自己責任性】自分の決定に責任をもつこと
5、人から指図されるよりは自分で判断して行動する
6、状況や他人の意見に流されない
7、自分の意見や行動には責任をもっている
8、自分の考えに自信をもっている

親と離れて出かけるのは、精神的自立に向けての第一歩。周囲とかかわりながら、自分の方向を決めて、責任をもって進んでいく力をはぐくんでほしいものです。

※「精神的自立性尺度の作成 —その構成概念の妥当性と信頼性の検討—」 鈴木征男 崎原盛造 『民族衛生』第69巻 第2号

第4章

趣味をもつ

～豊かな人生のために～

私たちの生活は、たくさんの「〇〇しなくてはいけないこと」に追われています。生活していくためには、仕事をする必要があるでしょうし、家事など身のまわりのことを整える必要もあるでしょう。このような「生活の維持に必要な活動（仕事や家事など）」や「生命維持に必要な活動（食事や睡眠など）」以外は自身が自由に使える「余暇活動」で、実は心身の健康と大きく関係しているそうです。余暇活動が充実していると、肉体的・精神的なストレスや疲れが癒やされると言われています。

余暇活動を充実させるには、「趣味をもつ」ことが良いようです。本人が好きなことだからこそ、主体的にかかわり、興味・関心がさらに広がり、深まっていくのでしょう。趣味は子どもの人生を豊かにするだけでなく、つらい時の支えになるかもしれません。また、人とのかかわりが苦手でも、好きな趣味があることで、無理せず社会との接点をもつことにつながっていくかもしれません。

4-1 本人が好きなこと

もやもやエピソード

小学５年生のわが子は模型づくりが好きで、時間を忘れて没頭しています。夕方暗くなったのに気がつかず、声をかけてもまったく耳に入りません。一生懸命になれることがあっていいと思う反面、行動の切り替えができないのではと心配しています。

ここかな 1 時間を忘れて熱中すること

- わが子は小学生の時から本が大好きで、学校から帰るとランドセルを投げ出したまま、借りてきた本を読んでいました。「宿題を先にしなさい」「夕食だよ」と声をかけても返事もしませんでした。小学校の懇談の時、担任の先生に相談すると、「一生のうちでそんなに熱中して本を読める時って、どのくらいあると思いますか？」と言われ、それもそうだと思いました。中学校、高校と常に彼女の傍らには読みかけの本があり、彼女に多くのものを与えてくれていると思っています。
- 幼い頃から常にマンガ好きだった息子。テレビの子ども向けマンガに始まり、小学生になるとコミックに熱中し、自分でもマンガを描き始めました。夜も遅くまでマンガを読んだり描いたりしていて、ずいぶんと親子げんかをしました。中学校の定期試験の解答欄は空白でも、用紙の裏にはしっかりマンガが描かれていました。高校進学はどうなるのだろうと心配していましたが、漫画研究部がある高校をめざして受験勉強を始め、無事合格しました。マンガを描くための努力はすごいものだと驚きました。何事もほどほどにしてほしいと思っていましたが、熱中できることがあるほうが行動の原動力になるのかもしれません。

伝えたいこと！ 熱中できることがあるのはすばらしいと頭ではわかっていても、他のことには目もくれず、時間を忘れて熱中する子どもの姿に不安を感じていました。講演会で聞いた「事前に終了時間を約束すること」「終わる時間を予告すること」を実行してみましたが、うまくいくほうが少なかったように思います。しかし、中学生、高校生になると、熱中するほど好きなことを軸に大きく成長し、親が気になっていた行動の切り替えもそれなりにできるようになりました。

ここかな② 継続して長く取り組めること

- 小学１年生でピアノを始めました。親は続けてほしいと思っていたのですが、中学校になってやめてしまいました。しばらくピアノと離れていましたが、高校を卒業してからかつての先生に誘われて、再びピアノを始めることになりました。本人が決めて通い始めたので、楽しみながら続けてほしいと思います。
- 小学６年生から乗馬を始めました。たいていの人が10回で終了するコースを15回かけて、ようやく終了することができました。その時にコーチから「15回でも20回でも続けることでできるようになれば、それでいいじゃないか」と言われて、自分なりに努力して上達していけばよいと思ったようです。学校の勉強も苦労していましたが、自分なりにできるようになればよいと割り切ることができるようになりました。また、怖がりの馬がいたり気の荒い馬がいたりと、馬によって性格が異なることも知ることができて、人との付きあい方にもつながる学びになりました。馬に乗るためには馬の世話をする必要があり、世話をすることが本人の癒やしにつながっているようでした。乗馬は費用もかかるので、成人した今はやめてしまいましたが、中学、高校という難しい時期を馬と過ごせてよかったと思っています。

- 小学２年生の時にエレキギターを習いたいというので習わせました。ほとんど練習はしませんが、楽しいと言って高校３年生まで習い続け、現在も大学の軽音部に入っています。

伝えたいこと！ 本人の希望で習い始めたのにうまく続けられないこともあります。環境を整えてあげれば、習いごとそのものは好きで続けていける場合もたくさんあります。長く続けられそうなことを大切にしていくと、子どもの趣味になっていくのかもしれません。

ここかな③ 子どもの特性に合っていること

- 微細運動、粗大運動（P.18参照）どちらも苦手。バランス感覚も悪いのですが、回転にはめっぽう強く、目がまわらないようです。幼児対象の体操教室に通い始めましたが、一律に集団でおこなう教室になじめなかったため、マイペースで進められる個別の体操競技者養成の教室へ通いました。５歳から10年間続けられたのは、他の子と比較することなく劣等感を抱かずに自分を鍛える方針の教室だったからだと思います。
- 小学１年生からピアノを習い始めました。はじめは、楽譜が理解できず苦労しましたが、繰り返しが好きなので、毎日練習をさせていたら、理屈ではなく暗譜してしまい、上手に弾けるようになっていました。成人した今でも、週１回レッスンに通っています。今では、ショパンのノクターンやベートーベンの悲愴が弾けるようになり、ピアノの発表会に友だちが聴きに来てくれるので、とても励みになっています。
- 小学校に入ってから、テレビコマーシャルへのこだわりがいつしかアルファベットへの興味に変わっていました。何も教えていないのにいつの間にか法則性を覚え発音していたため、英語の先生を探して英会話を習わせました。小学５年生の時に通常の学級から支援学級に転籍しましたが、好きな英語は継続し、とても力がつき、中学3年生で英検３級を取得でき、本人にとっては大きな自信になりました。高校選択の際には支援学校へ行かせようか悩みましたが、一度しかない青春時代にさまざまな体験をさせたいと思ったこと、本人が英語の学習をできる学校を強く望んだことで、私立の専門学校を選び、海外の学生との交流活動にも取り組みました。

- フットワークが軽く、何にでも首を突っ込む息子。小学生の時はサッカーチームで試合メンバーに選ばれましたが、コツコツ練習することは苦手で、係の仕事を途中で投げ出したりして、注意されることが多くなり、結局サッカーもやめてしまいました。飽きっぽい性格なので、好きなこともコロコロ変わりましたが、ラジコンカーは小学５年生から中学生まで続きました。操縦の操作にすぐ反応するところが合っていたようです。高校生になってからはeスポーツに夢中になっています。すぐに友だちをつくれるので、チームを組んだりして楽しんでいます。親としては興味をもったことを長く続けてほしいと思いますが、新しいことに飛びつく特性はなかなか変わりません。逆に社交的なところがよいのかなあと思っています。子どもには、新しいことを始めるのはいいけれど、前にお世話になった人や友だちになった人は大切にして、定期的に連絡をするように伝えています。ネットワークを広げて、良い意味で多趣味になってほしいと思います。

伝えたいこと！ はじめは「好きなこと」というより「嫌いではない」ため、無理なく続けられて、「好きになった」場合がありました。無理なく続けられるのは、本人の特性に合っていたからだと思います。

ここかな 4 「役に立つのでは」という親の思いを捨てること

- 幼児期より音感が優れていると感じていましたが、小学４年生の時、子どもの音楽教室へ行って、ドラムに才能があるのではと思いました。親は「学校の算数はできなくても、音楽で生きていけるかもしれない」と期待。先生がお手本を見せるとすぐ同じように演奏するので、吸収力があると言われて、個別指導を受けました。中学では吹奏楽部でパーカッションを担当し、毎年、県の代表になりました。中学２年生の秋にはDVDを自主制作。高校では、好きなことをやらせようと思い、高等部門がある音楽専門学校のドラム科に進学しました。高校時代はバンドを組み、ライブハウスや屋外パフォーマンスを体験しました。本人は上の専門学校に行きたかったのですが、親のほうが音楽関係の就職は難しいだろうと就労の道を勧めました。これが大失敗で精神的に不安定になってしまいました。９カ月ほどで安定し、ジャズの専門学校を見つけ見学すると、「またやれるならやってみたい」と意欲的になりました。本人は音楽で癒やされ、心が落ち着いていきました。親も音楽が仕事にならなくても、心の置き所がドラム演奏でいいじゃないかと思うようになりました。現在は、働きながら趣味でドラムを続け、親の会の子どもにドラムを教えています。
- 子どものためになるだろうと思って、とにかくたくさんの習いごとをさせました。スイミングが良いと聞いて、スクールに通いましたが、本人がなじめず長続きしませんでした。それならば、手先の器用さを補うためにと思い、ピアノやドラムなどの楽器をいろいろ習わせましたが、傍らから見る以上に本人の疲労感が強く、これらも数年で辞めることになりました。
- 将来の役に立てばと思い、いろいろな習いごとをさせましたが続きませんでした。良いだろうと押し付けていた親のエゴを反省しました。ただ、その場その場に、いろんな子どもを見てきたプロがいて助言を受けられたのは、育児の孤独から逃れられ、母親にとっては助けになりました。

- 娘は、何をさせても結構うまくこなすので、才能を伸ばすのは親の役目と思い、音楽教室や体操教室に通わせました。うまくなるのも早いので娘も楽しいはずだと思っていましたが、そのうちに行き渋りが始まりました。娘は娘なりに、親の期待に応えなければと無理をしていたようです。娘と話し合い、教室はやめることにしました。うまくなるのは本人が好きだからと、親が勝手に思い込んでかわいそうなことをしました。できることと好きなことは違うと、子どもから学びました。

学んだこと！ 「得意を伸ばす」と聞いて、「得意を伸ばして将来の仕事に結びつけられれば」と考えていました。子どもの好きなことを伸ばそうと、「すごいね。がんばったら○○になれるね」と励ましていました。しかし、結果が出ない時に、「努力しないと○○への道は遠いよ」と子どもを傷つけるようなことばをかけてしまいました。「自分の努力が足りない」「自分は才能がない」と言うようになった子どもを見て、「将来、役に立てば」という親の思惑が、子どもの好きなことを奪っていると反省しました。今は、ただただ純粋に、好きなことを続けられればよいと思っています。

4-2 親子で楽しむ

もやもやエピソード

父親が野球好きで、家族でよく試合を見に行きます。子どもも小学生になり、父親と２人で試合を見に行ってほしいと思っているのですが、一緒に出かけるといつもけんかして帰ってきます。もう少し大きくなったら、父子一緒に野球観戦を楽しめるようになってくれるのでしょうか。

ここかな１ 親の趣味に誘ってみる

- 夫の趣味が釣りなので、幼い頃から休日は家族で釣りに出かけていました。上の子は小学生になると友だちと遊ぶほうが楽しくなり、一緒に行かなくなりましたが、下の子は友だちがなかなかできないこともあり、ずっと父親と釣りに出かけました。自然と釣りが好きになり、釣りの知識も増えています。高校生になり、同じように釣りが好きな友だちと「次はどこに行こうか」と相談しています。将来は、釣り具メーカーで自分の竿のモデルをつくりたいそうです。
- 父親がキャンプ好きで、子どもが生まれる前からあちこち出かけていました。子どもがちいさいうちは、走りまわって目が離せなかったのですが、幼稚園に入った頃から子どももキャンプを楽しめるようになりました。休日には父子でキャンプ道具談義をしています。
- 親の趣味が音楽で、息子にギターを習わせていましたが、知り合いの方や私と一緒にロックフェスティバルやライブにも出かけるようになってから、ギターの練習に熱が入るようになりました。毎日練習して上達し自分に自信をもつきっかけにもなり、親子で楽しめる共通の趣味をもつことができ、会話も増えました。趣味の音楽については、対等な感じで話ができるからかもしれません。

- 学校でのトラブルが多くなった小学３年生の頃から、父親と鉄道模型をつくり始めました。それまで「子どもが壊す」といって模型を触らせなかった父親が、子どもの気分転換になればと一緒につくるようになりました。HOゲージからＮゲージと、夕方のうす暗くなった部屋で２人で寝ころんで、走る電車を見ています。学校では疎外感をもつことも多かったと思いますが、家で父親と鉄道模型を楽しむ時間は、子どもにとって大切な時間だったのではないかと思っています。
- 息子が小学５年生の時に家のテレビを買い替えました。父親の「手伝え」という声で、息子も父親の指示に従って、はじめて配線を手伝いました。おもしろかったらしく、作業が終わる頃には２人で、接続機器との配線を工夫する話で盛り上がっていました。中学生の時には蛍光灯が切れると自分から交換してくれるようになりました。高校生の今では、父親ゆずりのわが家の電気機器大好き人間になって、パソコンの配線も業者と相談しています。

伝えたいこと！ 子どもが自分で好きなことを見つけてくれればそれに越したことはありませんが、熱中できることが見つからない子のほうが多いはずです。そんな時は、親の趣味に子どもを誘って参加させてみると、子どもの世界が広がるきっかけになるかもしれません。親子で楽しい時間を共有することで、自分が家族の一員であり、大切にされていると感じることができます。

ここかな② 子どもの趣味を好きになる

- 戦国武将が好きな息子。テーマパークよりもあちこちの城めぐりをしたがるので、子どもが小学生の頃から一緒に、彼の計画に従ってたくさんの城に出かけました。私もその土地の歴史を調べるのが楽しくなり、いつの間にか「今度は○○城へ行ってみようか」と、子どもと一緒に計画を立てるようになりました。
- 保育園の頃から息子は昆虫大好きで、外に出かければ何かしら捕まえてきました。テントウムシを捕まえてきた時は、エサのアブラムシを探すのを手伝ってほしいと言われ、近所の空き地を息子と一緒にまわりました。虫は苦手なほうでしたが、息子に付きあっているうちに、私自身も飼い方が気になり、息子と一緒に書店に行って昆虫の本を探し購入したり、ネットで調べたりするようになりました。

伝えたいこと！ 子どもが関心をもっていることに親が興味をもちだしたことで、いろいろなことを親に教えようと本人が熱心に調べるようになりました。そんな姿に、子どもの良いところをたくさん見つけることができるようになり、子どもを本心からほめることができるようになったと思います。

ここかな③ 親子で参加できるサークルに入る

- ３歳の時に親子で遊ぶサークルに入りました。野外での遊びが多く、春はつくし採りやオタマジャクシすくい、夏は川遊び、冬は餅つきなど、夢中になって遊ぶことができました。親から離れない子どもでしたが、このサークルに参加している間は親から離れて遊ぶことができ、親も子どもを見守りながらおしゃべりして楽しく過ごすことができました。将来につながる趣味の活動ではありませんでしたが、親子で楽しい時間を過ごすことができ、毎回の活動を楽しみにしていました。

- 子どもが小学４年生の時、たまたま見に行った市民演劇公演がおもしろくて、子どもと一緒に市民劇団に入りました。小学生の団員は少なかったこともあり、子どものほうが毎回大きな役をもらい、楽しんで練習に通いました。公演前には家でも親子で練習しました。舞台の大道具・小道具、照明や音響なども劇団の人と一緒につくっていました。高校でも大学でも演劇部に入り、脚本を書いたりしているようです。

伝えたいこと！ 子育てサークルに入ったことで、多くの人と接する機会をつくることができました。サークル活動は年間の予定が決まっていることが多く、同じメンバーで活動に継続して参加することができます。また、活動の進行もきまっているので、はじめてのところに不安を感じやすいわが子にも、事前に内容を説明しておくことができました。

4-3 仲間ができる

もやもやエピソード

自分ルールにこだわり、級友ともよくトラブルを起こします。鉄道好きの友だちと鉄道模型で遊ぶ時もお互いにこだわりが強いためか、駅のつくり方や線路のつなぎ方などで意見が合わず、けんか別れをしてしまいました。本人が好きなことで友だちをつくっていければと思っていましたが、なかなか難しいようです。

ここかな 1 同じ趣味でつながることの安心感

- 小学１年生から６年生まで地域のサッカーチームに所属していました。ゲームのルール理解が遅かったり、ボールの扱いがなかなか上達せず、ずっと２軍チームで技術的な進歩はみられませんでしたが、本人の明るく人懐こい性格もあり、コーチや他の親などからは天然キャラとしてかわいがっていただきました。今でもサッカーは見るのもプレーするのも好きで、好きなサッカーチームの下部組織である障がい者サッカーチームに入り、休日はサッカーの練習、ジムでの体力づくり、たまに友だちと外出など、楽しんでいる様子。共通の趣味の仲間が増え、余暇の楽しみの１つになっています。
- 小学２年生から５年生まで、お兄ちゃんと同じ野球チームでがんばりました。違う学年の顔見知りもでき、声をかけてもらえると嬉しそうでした。しかし、みんなと同じようにプレーすることが難しくなり、５年生からテニスを始めました。テニスは、就職した今も続いていて、休日にテニスやカラオケを仲間と楽しんでいます。同年代が苦手だったのに、いろいろな経験をして、自分に少しずつ自信がもてるようになり、同年代の友人とも話せるようになったのだと思います。

- 不登校の子どもたちの居場所・フリースクールを見学し、代表やスタッフの「あなたのままでいい」ということばと鉄道好きな仲間に出会えて即決で入会し、毎日通う日々がはじまりました。本来、子どもは外に出たがるものだと強く感じました。スタッフに支えてもらい、悶々とした自分の心を少しずつひらいていきました。同じ趣味の仲間に出会い、鉄道旅行やフリースクールの全国合宿、フェスタなどに参加して充実した日々を送ることができました。そこでの出会いが今も続いています。
- 息子の好きなものは、鉄道（乗り鉄）、K-POP、プロ野球（遠方の球団を応援）、韓国プロ野球、Vリーグなどで、なかなか身近にいる同世代の子たちと共有できず、もっぱら一人で楽しんでいました。高校生の頃、親の会のイベントで同世代の子たちが集まる機会があり、鉄道好き、野球好きで意気投合しました。それから3年たち、それぞれ進学したり、就職したりしていますが、今も連絡を取り合ってときどき遊びに行っています。ちいさなトラブルはあるもののうまくいっているようです。年長者の息子が、なかなか他で見せられないリーダーシップをとっていて、仲間ができることで成長の機会となり、親の会に積極的に参加していてよかったと思います。学校や住んでいる地域では、共感しあえる仲間と出会えなくても、成長して行動範囲が広がるとめぐり合えるのだと思いました。
- 息子は小学生の頃からゲームに熱中し、親と約束した時間も守らないことが増えてきました。ゲーム依存症ということばも聞くようになり、ゲームを禁止するのではなく、遊び方を身につけていくことが大切だと知りました。オンラインゲームでどのように遊んでいるのか親が把握できなくなる前にどうにかできないかと思い、「親同士が知っている友だちとのみオンラインゲームをする」というルールをつくりました。親同士も情報交換できるので、ゲームの内容も把握できました。中学生になりましたが、今のところ親の会の子ども間でオンラインゲームを楽しんでいます。学校では友だちもいませんが、親の会の仲間ということで、子どもも安心してやり取りできるようです。そのうち、親の知らないところでオンラインでつながっていくと思いますが、その前に「知らない人とオンラインでつながる」ことの危険性と利便性を学んでほしいと思っています。

伝えたいこと！ 多少興味のある範囲が狭くても、同じことに興味をもつ、同じ趣味の仲間がいるものです。気の合う仲間は物事がうまく進まなくなった時に話を聞いてくれる仲間になります。安心できる環境を探し、本人の関心を広げつつ、仲間を大切にしていきたいものです。

ここかな 2 認めてくれる人ができる

- 小学3年生からプログラミング教室に通って、ロボットをつくっています。中学生になり、同じくらいのレベルの生徒がグループで結構難しいプログラムをつくるようです。学校ではいつも一人でいるわが子ですが、この教室ではロボットの設計をグループの子と話しています。一目置いてもらえて、意見や感想を求められることが嬉しいようです。
- 息子は小学生の頃から歴史好きでしたが、高校生になって近所の方が地域の史跡研究会を紹介してくれました。史跡研究会の参加者は年配の方が多いのですが、大学生も数人いて、息子もなじみやすいようでした。研究会で自分が知っていることや調べたことを話すと、知らないことを教えてくれたり質問が出たりして話が弾むそうで、楽しんで通っていました。大学生の今は、研究会の企画係を仰せつかっています。
- 団体行動ができず、コミュニケーションが苦手な息子。小学4年生の時、地元のプロ野球チームが野球帽を県下の児童にプレゼントしてくれたのをきっかけに、野球に興味をもちました。野球クラブに入会したものの、厳しい練習に参加できず、いつも端っこで私とキャッチボールをしていましたが、そこで知り合ったコーチが息子を大きく変えてくれました。通常の練習終わりに残って、友だちが帰った後にマンツーマンで励ましながら教えてくれ、さらに学校の話なども聞いてくれました。最初は緊張してチームに溶け込めなかった息子ですが、いつの間にか友だちと一緒に野球ができるようになり、１泊合宿にも行けるようになりました。自分の思い通りにいかないとイライラしていた息子が、徐々に友だちの気持ちに共感できるようになり、思いやりも芽生えていきました。人前で発言することが苦手なのに、小学校の卒業式で大きな声で「将来は野球に関する仕事がしたいです」と言った時は涙が出ました。高校生になった息子は、私が立ち上げた野球クラブで、20代から50代くらいの方々と一緒にプレイしています。学校やプロ野球観戦でも野球仲間を広げています。ちいさい頃の息子を知っている人は180度変わったと言います。「好きなものを見つけるって、すごい！」と思っています。

学んだこと！ 幼い頃から同じくらいの年齢の子とはうまく遊ぶことができず、サークルに入ったり習いごとをさせても、友だちはできずじまいでした。本人が好きになることも、仲間と一緒の活動ではなく、一人でできるものばかりでした。しかし、好きなことへの知識は豊富なので、高校生くらいになると趣味仲間から認められることも多く、自信につながりました。趣味仲間でなくても、純粋に好きなことに打ち込めることをうらやましいと思う人は結構いるようで、「すごく詳しいね」のひとことで自分の存在が認められたような気持ちになるようでした。

4-4 好きなことから興味を広げる

もやもやエピソード

小学３年生の息子は、幼児の頃から電車の線路が好きで、家にいる時は線路が延々と続く、同じ絵ばかり描いています。実際に電車に乗った時も線路ばかり見ています。好きなものは「線路」と答えます。ずっと線路ばかりで、電車の他の部分にはまったく興味がないようです。他のことに関心が広がらず、このままで良いのか悩んでいます。

ここかな 1 自信は挑戦する力につながる

- 鉄道と野球という趣味が同じ友だちと積極的に出かけるようになり、写真をインスタグラムにもあげるようになりました。自分の趣味を誰かに伝えることが嬉しいようです。
- 高校生になり、本人の興味のある方面の検定などに合格し、少しずつ自信がついてくると、さらに上の検定にチャレンジするようになりました。自ら宿題や定期試験の準備勉強をしたりと、勉強にも前向きに取り組むようになりました。
- 釣りが趣味ですが、自分で釣ってきた魚を料理するようになりました。魚のさばき方もパソコンで動画を見て、三枚におろせるようになりました。から揚げなどもつくってくれるようになり、レパートリーが広がっています。わが家の料理担当です。
- わが子は私が苦手なお菓子づくりが好きで、つくってくれた時は何度もことばにしてほめていました。結果、娘が長続きした習いごとは私がいろいろとお膳立てし体験したジャンルではなく、私が心からほめたお菓子づくりでした。そして進路選択も将来の職業として自分の好きなことをきわめるべく、その分野の専門学校に進みました。娘が決めたペースで、娘の決めたお菓子をつくり、私たち両親は彼女が手伝いを欲している時以外は本人に任せて、彼女の努力をほめました。結果、彼女の自尊心が高まり、自己決定することができて、将来の職業にしたいと思えたのでしょう。

伝えたいこと！ 自分の好きなことをほめられると、自己肯定感があがり、好きなことを軸に関連したことにも興味が広げやすくなるようです。幼い頃は、同じことばかりしていてこだわりが強いと思っていましたが、「これは何？」と親が興味を示すと、本人もいろいろ考えて工夫していました。「こだわり」も周囲のかかわり方しだいで、本人が工夫して発展させていく趣味になるのかもしれません。

ここかな 2 いろいろなことに関心をもつ

- 小学生の頃から、一人で電車に乗って出かけています。はじめは「電車に乗って目的の駅まで行く」だけでしたが、しだいに目的地の観光をしてくるようになりました。そのうち、お寺やお城だけでなく、目的地の博物館に行ったりと、いろいろなことに関心が広がってきています。子どもの話も電車ばかりの話題から、幅広い話題になり、聞いていてもおもしろいなあと思うようになりました。話し相手が興味をもっている話題を話すことができるようになったことも大きな成長です。
- 幼稚園の時からカブトムシが大好きで、「大昆虫展」や「カブトムシ展」によく連れていきました。購入したカブトムシを飼っていましたが、小学生になると、夏休みに「採集会、観察会」に参加するようになりました。口を開けばカブトムシの話ばかりで、学校では「カブトムシひとすじの子」と思われていました。小学６年生の時、観察会の先生から「自然を大切にする」ことを聞いて、はじめてカブトムシ以外のことに関心をもちました。中学生になると地域の環境保護活動に参加するようになり、定期的に河川そうじに出かけています。大学生の今は自然教室の手伝いをしています。カブトムシが社会への目を向けてくれたようです。

伝えたいこと！ 好きな料理をつくるためには、文字を書くのが苦手でもレシピを書き写したり、計算が苦手でも分量を計算したりと、苦にならないようです。好きなことを軸として、関連したことに関心をもつことが増えてきました。

4-5 つらい時の支え

もやもやエピソード

中学生の息子は、学校の勉強についていくことが難しくなり、無気力にゴロゴロしていることが多くなりました。気分転換と称しては、マンガばかり読んでいます。単なる逃避ではないかと、親はカリカリしています。

ここかな ❶ 精神的な健康の支え

- 息子は小学５年生で不登校になり、落ち込んでイライラしながら暮らしていたのですが、叔母（私の妹）がたまたま見つけたゲームにはまりました。母親の私も一緒になって、親子で攻略本を読みながらクリアしました。その頃、息子は支援学校に転校したのですが、そのゲームの大好きなキャラクター（優しく穏やかな学者）になりきってなら登校できました。その後、その好きなキャラクターの声を担当している声優さんの読み聞かせコンサート鑑賞で県外に行くこともできるようになり、大好きなキャラクターと、その声優さんのおかげで、彼は「自分も、優しく穏やかな学者になる」という自分のなりたい将来モデルを手に入れました。今、彼は夢を叶えることができて、研究生活は楽しそうです。
- 趣味「読書」というとありきたりですが、正真正銘、子どもの趣味は読書です。小学校から中学校までいじめにあい、つらい学校生活でした。親もフリースクールなどを探しましたが、子どもは図書室登校を続けました。その時は親子ともに、図書室が避難場所と思っていました。しかし、その間に読んだ本で子どもの世界が広がっていたようです。

高校に入って、環境に恵まれると、乾いた大地で息をひそめていた種子が芽吹くかのように、伸びていきました。読書からは多くのことを得ていたようです。

伝えたいこと！ 本人が楽しく続けていることがホッとできる時間となり、学校などでいやなことがあっても趣味の時間にリセットでき、辛いことも乗り越えていく力になるようです。

ここかな❷ 身体的な健康の支え

- 娘は幼児期からぽっちゃり体型で、小学校に入ると「デブ」と言われて、小学４年生頃から不登校気味になりました。ますます、外へ出たがらなくなり、食べる量も増えてしまいました。夜、暗くなってからの散歩に誘い、慣れたところで朝のウオーキングに切り替えました。朝はウオーキングしている人も多く、同じ時間に家を出ると決まった人とあいさつをするようになりました。朝の運動は１日のリズムをつくるのによかっ

たみたいです。体力がついてくると、学校へ行くのを嫌がる日が少なくなってきました。小学校では運動嫌いだったのに、中学生になると卓球部に入りました。他の運動部に比べるとハードではなく、3年間続けました。高校でも経験者ということが嬉しかったのか、卓球部に入りました。大学に入っても卓球を続けたのには、親も驚いています。

学んだこと！ 子どもが落ち込んでいる時は精神的なケアばかり考えていましたが、「体を動かす習慣」をつけたことで生活リズムがリセットされ、くよくよ考えてしまう負のスパイラルから抜け出ることができたように思います。精神面と身体面は密接にかかわっていることを実感しました。

COLUMN

趣味と依存の違い

子どもが好きなことにハマるのは、子育てのなかでよく目にする場面です。しかし、親の声も耳に入らないほどハマっている様子を見ると、それがこだわりなのか、熱中させておいてよいものなのか、その対応に悩みます。さらに、好きなこと以外に目を向けなくなると、それが趣味なのか依存症なのか、境界がわかりづらくなってしまいます。

好きなことにどの程度ハマるのかは、一人ひとり異なります。一つのことにハマる場合もあれば、幅広く適度に関心をもつ程度という場合もあるでしょう。趣味はある活動に対する個人的な好みなので、趣味かどうかを決めるのは本人ですが、依存症については客観的な基準があります。

【依存症】 やめたくてもやめられない状態に陥ること

●物質への依存

アルコールや薬物といった精神に依存する物質を原因とする症状

●プロセスへの依存

特定の行為や過程に必要以上に熱中し、のめりこんでしまう症状

(厚生労働省HP：障害者福祉・依存症対策「依存症についてもっと知りたい人へ」)

最近は、子どものゲーム依存、ネット依存も問題になっています。

依存症は、「孤独の病気」「否認の病気」と言われています。結局、自分をコントロールするのは自分しかいませんが、依存レベルになってしまったら周囲の支援が大切です。子どもには、好きなことを依存ではなく、趣味として楽しみ、生活を充実させてほしいものです。

第5章

主体性をはぐくむ

人生は選ぶ連続だと言われています。親として、自分のことを自分でできる子になってほしいと願いながら、つい先まわりをして、物ごとに取り組む機会をうばっていることはないでしょうか？

子どもの主体性をはぐくむ環境は、案外身近な日々の生活の中にあるものです。たとえば、幼い時は自分でおやつを選ぶことから、学齢期には登校時間から逆算して自分で朝の準備をして出かける、お手伝いを自分で決めて計画的に実行することなど、選ぶことや考えることを繰り返し、子ども自ら課題に取り組み、生きる力をはぐくんでいきます。

子どもはさまざまな体験を通して失敗し、修正を繰り返しながら成長していきます。日常では見えにくいものですが、ちいさな時からはぐくまれた主体性は、自分の生き方を選びながら、人間として自分を大きく成長させていきます。私たち親は、子どもに寄り添い、その姿を見ることができるのです。

5-1 好奇心を育てる

もやもやエピソード

小学４年生の息子は自分から何かしたいという意欲がなく、ダラダラと過ごしていて、つい口うるさく叱ってしまいます。幼稚園の頃も周囲の子どもたちがいろいろなことに興味を示していても、息子はあまり関心を示しませんでした。無気力さをどうにかしたいとは思うのですが、本人の性格なのかと半ばあきらめています。

ここかな１ 干渉しすぎない

- 幼稚園の先生に「口出し、手出ししすぎないように」と言われました。時間どおりに行動しようとして、あれこれ手を出していたのですが、子どものやることなすことに口出し、手出ししすぎると、子どもは次第に自分で物事を考えて判断することがなくなり、「親にやってもらわなければ、何もできない」状態になってしまうのだそうです。
- 息子はちいさい時から甘え上手で、気がつくと明日の学校のしたくや持ち物まで親が確認していることが多くありました。保護者会の時に担任の先生に聞くと、「学校では、身のまわりのことはよくできていますよ」と言われました。その後、なるべく手を出さないように心がけました。親が手を出す時は、失敗させないようにだけでなく、親自身が安心するためというところも正直あります。意識をして口出し、手出しせずに見守る大切さを感じています。

伝えたいこと！ 出がけに「天気予報は雨だから傘を持っていきなさい」、家に帰ってきたら「まずは手洗いをしなさい」、ケガをするから「そんな危険な遊びはやめなさい」というように、子どもに考える余地を与えない環境は、必ずしも子どもにとってプラスになるとは限りません。親が子どもに干渉しすぎると、「言われたものを用意しよう」「言われてからやろう」という受動的な思考になってしまいます。受け身な姿勢は身のまわりのことに興味や関心をもたなくなり、ますます受け身になるという悪循環に陥ってしまいます。

ここかな ② 子どもの興味に親のフィルターをかけない

- 子どもが急に庭のアリの巣にじょうろで水をかけまくったことがありました。穴の中からたくさんのアリが出てきたので、あわてて止めましたが、後から聞いてみると、アリの巣がどうなっているのかと思ったそうです。その後、観察図鑑で調べて、アリを土ごと飼育ケースの中に入れて飼うことにしました。
- 息子が小学３年生の時、鳥の巣箱をつくるといって、紙の空き箱をいくつか持ってきて切ったり貼ったりしだしました。空き箱は分解され、切りくずは床に散乱していきました。思わず、「自分で掃除機をかけてよ」「巣箱は外にかけるんだから紙じゃだめでしょ」と言ってしまいました。しばらくすると、息子は「やっぱり空き箱じゃできないや」と工作終了。「どんな巣箱？」と聞けばよかったと今でも思い出します。

伝えたいこと！ 本来、子どもは身のまわりのものに興味を示すものですが、それが親の予想から外れていると「それはやめたら？」「絶対むりだよ」など、ネガティブなことばかけをしてしまいがちです。せっかく興味をもったのに、否定的なことばをかけてしまうことがありました。当然、子どもは興味を失い、遠ざかってしまうことに……。子どもの「なんだろう」「おもしろそう」「不思議だな」という好奇心を受け入れていたら、もっとたくさんの意欲を育てられたのにと思うことがあります。

ここかな③ 知ることの楽しさを育てる

- 息子はことばが出るのが遅かったので健診の時に相談すると、乳児でも興味のあることをじっと見ているし、手を出すので、「なんで？」ということばがなくても、興味をもっていることに共感するようにアドバイスされました。次から次へと手を出し、動きまわる子でしたが、「手を出した時がチャンス」と思い、興味を示したもので遊んで話すようにしました。３歳過ぎてから急にことばが出てきて、一気に「なぜなぜ期」に突入しました。子どもが「なぜなぜ期」に入ると、「なんで？」ということば遊びだけを楽しんでいるように感じて、適当に答えておけばいいかと思うことも正直ありました。しかし、「なんで？」と聞いて叱られたとか嫌がられたという思いを、子どもに抱かせないことが大切だと思います。
- 小学６年生の夏休みに、家の近くの川の上流まで行って調べるという自由研究をしましたが、息子の説明文の中に「幼い頃に読んでいた絵本」という1行が出てきて、親の私も字のない絵本で息子とずいぶん楽しんだことを思い出しました。字があると読み手は書いてある内容に沿った質問をしがちですが、絵だけだと読み手の発想も広がるように思います。

伝えたいこと！ 親も忙しいので、常に子どもの好奇心につきあうのは難しいですが、本の読み聞かせの時間は大切にしていました。親も知らないことがあるので、子どもと一緒に「なんでだろう？」と話すことができました。一緒に調べてもわからない時は、「質問に答えてくれる番組があるよ」と質問の送り先を教えていました。

5-2

目標や夢をもつ

もやもやエピソード

小学５年生の授業参観で「将来の夢」をテーマにしたグループミーティングがありました。発表の時に、娘は「自分は勉強もできないし、料理もできないので、夢はないです」と発言し、私はがっくり。この先どうしたら希望をもって歩むようになるのか先が見えません。親も忙しく、コミュニケーションの時間が少ないことも影響しているのでしょうか。

ここかな１　子ども自身が目標を立てる

- 小学校では、新しい学期が始まる時「○学期の目標」を立てることが多いと思います。小学５年生の１学期、息子が新しい担任の先生に、「いつも目標を立てるように言われるけれど、できたことがないから立てたくない」と言ったそうです。「自分が努力もしないで、なんてことを！」と親は焦りましたが、担任の先生が今困っていることを聞いて、できそうなことを１学期の目標にしたらどうかと提案してくれたそうです。この経験は息子にとっても私にとっても「目からうろこ」で、息子は「絶対に達成可能なことを目標にしていいなんて、知らなかった」と言っていました。
- 親の会の相談会で、「目の前のできそうなことを目標にして、ひとつずつできることを積み上げていく」と聞き、小学２年生のわが子と「今週は、帰ってきたらランドセルの中のものを全部出して、宿題を確認する」という目標をたてました。目標を達成させるのが周囲の役目と聞いたので、忘れてい

る時は「今すぐランドセルの中身を出したら、今日の目標クリアだよ」と声かけしました。これを３週間ほど続けると、帰宅後すぐに宿題の確認をすることが習慣になりました。常に身近な目標をもって日々こなしていくことが、子どもに自信を与えるのだと感じました。立てた目標が達成できるようになると、子どもから進んで「今週の目標を考えよう」と言ってくるようになりました。１週間ごとの目標だけでなく、「夏休みまでに一輪車に乗れるように練習する」といった目標も口にするようになりました。自分で目標が立てられるようになったことは、これからの大きな財産になると思っています。

学んだこと！ 子ども自身が目標を立てると、「何をすればよいか」がはっきりとわかるので、子どもも行動に移しやすくなったように思います。子どもが行動に移しやすいように「○○している間に、おやつの用意をしておくね」とか「今○○をやってしまったら、テレビをゆっくり見られるね」と声をかけていました。目標を立てることで、子ども自身がやる気になる場面も多くなりました。

ここかな② 子ども自身のやりたいという思いが大切

- 息子が小学４年生の授業参観の時、一人ひとりの夢を寄せ書きした模造紙が貼り出されていて、息子は「エンジニア（本当は宇宙飛行士）」と書いていました。エンジニアの夫にそのことを話すと、自分の職業を書いてくれて嬉しかったようですが、息子に「宇宙飛行士になって欲しいなあ。宇宙からパパに呼びかけて欲しい」と応援メッセージを伝えていました。それからは小学校の卒業式の時も、中学生の時も「夢は宇宙飛行士」と言っていた息子ですが、大学生の今は機械設計の講座に所属しています。
- 長男は中学生になるとギターに夢中になり、バンドを結成。その頃から「将来は音楽を仕事にしたい」と言い出しました。定期試験前には必ず熱を出すなど緊張の強いタイプの子どもでしたが、ギターを持つと別人のように歌っていました。高校・大学では、演奏や音楽イベントのアルバイトをしました。いよいよ就職期を迎えると、仕事選びで親と悶着がありました。数年かかりましたが、最終的には初志を貫いて音楽関連の裏方の仕事に就きました。社会経験を通して、音楽とのかかわり方もいろいろあることを知り、自分を信じて好きな世界に飛び込んだ形です。

- 私自身は、俳優になりたくて養成学校のパンフレットを取り寄せたりしましたが、親の反対にあい、入れる大学に入り適当な大学生活を送ってしまいました。「子どもからできたら子どものしたいことをさせる」と思っていたのに、子どもから高校受験しないで声優養成学校に行きたいと聞かされた時、思わず反対していました。改めて、子どもに聞くと「小学校・中学校と自分の居場所がなかったが、ずっとアニメが心の支えだった。だから、声優になれるかわからないけれどやってみたい」という答えでした。久々に昔の自分を思い出して、子どもの決断を応援することに決めました。

伝えたいこと！ 子どもが関心をもったことに対して「やってみたい」「行ってみたい」などと言うのは、心が動かされたから。つまり、「感動した」ということです。この「感動」の鮮度を保つためにも、関心をもったことをやらせてあげたいものです。すぐに行動に移せない時は、「どんなふうにやってみる？」と聞いて、子どもの思いを膨らませることばがけをこころがけていました。

ここかな ③ 子どもと夢について話してみる

- 小学６年生の時、息子が「おかあさんの夢ってなに？」と聞いてきました。卒業式の文集のテーマが「わたしの夢」だそうで、どんなことを書くべきか悩んで、聞いてきたようでした。息子が言うには、叶いそうもない夢を書くのも嫌だし、夢がないのも嫌だとのこと。子どもの質問に、小学生の時の私の夢について話しました。キュリー夫人にあこがれて、科学者になりたかったけれど、挫折したこと。でも、夢は叶わなかったけれど、代わりにいろいろなことが学べたことなどを話しました。親の夢の話を聞いて、子どもは「叶わなくても夢をもつことはいいことだ」と思ったようです。

- 娘は幼稚園の時から「大きくなったら何になりたいの？」と聞かれるのが嫌いで、「大きくなりたくない」と答えていました。小学生になると、学校でも授業などで「夢は？」と聞かれることがあり、「夢なんてない」と言うばかり。中学生になって、職業のことを学ぶ時間があり、「どんな職業に就きたいか？」と聞かれた時、「将来の夢って、どんな職業に就きたいかっていうことだったのか」と驚いていました。「大きくなったら」や「将来の夢」といった漠然としたことが理解できなかったからだと思い至りました。小学生の時の「夢なんてない」ということばにがっかりして、夢については娘と話さなかったのですが、こんなことなら、いろいろ聞けばよかったと反省しました。娘は建築家になりたいそうで、はじめて娘の夢を知ることができました。
- 中学３年生の時に進路相談に向けて息子と話している時に、親の夢を押しつけていていることに気がつきました。息子が「お父さんとおかあさんは、反対すると思うけど」ということばをしきりに使ったのです。親自身が叶えられなかった夢を託していたのかもしれません。

伝えたいこと！ 「夢」について話すことで、どんな人生を望んでいるのか、何を大切にしているのかといった価値観がわかることがあります。子どもと夢について話すことは、親の人生観を子どもに伝えるとともに、親ではなく子ども自身の道であることを親が再認識できる機会なのかもしれません。

5-3 自分で考える力を育てる

もやもやエピソード

小学生の息子は、「フタが開かない」「使い方がわからない」など、わからないことがあるとすぐに親に聞きにきて、何かと頼ってきます。自分で試しもしないで聞いてくるのは、幼い頃から「やってあげる」「貸してごらん」と親が手を出しすぎていたからかも……と反省しています。

ここかな 1 子どもが考える状況をつくる

- わからない時は、「自分でまず調べてみたら？」と、すぐ教えないようにしました。解決方法を手取り足取りていねいに教えて、次からは自分でやらせるようにすることもありました。中学生になってからは、「おかあさんもわからない」と言って、自分で解決方法を考えさせるようにしました。
- 息子は不器用で筆圧も弱く、保育園の頃からお絵かきや色ぬりが嫌いでした。みんなが作品を仕上げても、わが子は半分もできず、保育士さんは気になっていたようです。小学校でも図工の時間が大嫌いでしたが、１年生の夏休みの自由研究では、牛乳パックを船の形にして切り貼りした作品をつくりました。絵具は苦手なので、カラーのビニールテープを２本船体に貼って模様にしました。この作品は区内の小学校の作品展に出してもらえることになり、親はびっくりして子どもをほめたことを覚えています。
別の年では、粘土でカニをつくりました。描くのは苦手でしたが、粘土で形をつくることはそれなりにうまくでき、この時もほめました。作品展に選ばれることはありませんでしたが、描いたり塗ったりが苦手でも、すべてができない訳ではないということがわかり、本人も多少自信をもてたように思います。自由研究は、悩んだり考えたりするいい機会でした。親は困って相談に来た時にヒントを出すくらいにしました。夏休みは時間がたくさんあるので、自分のペースで仕上げることができ、自分なりの達成感を感じていたようです。

- わが子は料理好きだったので、料理を通していろいろな工夫をする力がついたと思います。小学２年生の時にはじめてパンケーキを焼きましたが、片面が焦げてしまい火加減を弱くするとか、片面を焼いてひっくり返す時に濡れタオルの上に一度フライパンを置いて温度を下げるなど試していました。料理は失敗してもそこそこ食べられるし、家族には感謝されるので、何度でもチャレンジする気になったようです。レパートリーも広がり、しっかり料理好きになりました。母親の私はレシピ頼りですが、わが子は「〇と〇は合うんじゃないか？」などと調味料や食材を工夫するので、すごいなあと感心しています。

学んだこと！ 「はい・いいえ」、「どっちにする？」といった二択のやり取りができるようになったら、少しずつ「誰が？」「いつ？」「どこで？」「なにを？」「なぜ？」「どのように？」といったオープン・クエスチョンを意識して子どもと話をしました。すると、子どももいろいろ考えて返事をするようになってきました。頭の中で整理しながら話すスキルも身についてきたように思います。

ここかな ② 結果ではなく途中経過を考えさせる

- 友だちとケンカをしてしまった時、母親に叱られた時など、すぐに「ごめん」と謝るのですが、反射的に謝っている状態で、反省もしていないので、同じことばかり繰り返していました。なぜ注意されているかもわからない場合が多いので、「どうしておかあさんは怒っていると思う？」と聞き返すところから始めました。

- 放課後等デイサービスの帰りに、バスの中に財布を置き忘れてしまいました。息子とどうして置き忘れたのか状況確認しました。「失くし物をすると悲しいけど、あなたが一生懸命に探したことが大切だと思うわ。でも、どうしてなくなっちゃったのかな？」「ボクがバスの中で友だちとふざけていたから。今度はバスに乗ったら、はじめに財布をしまうよ」と答えました。幸い、財布は無事に戻りました。それからは財布を座席に置くこともなく、席を立った時に振り返り、確認する習慣がつきました。失敗の原因と対策を子どもと一緒に考えるようにしてきましたが、しだいに自分で考えるようになり、良かったと思っています。

伝えたいこと！ 「自分で考える」ということが習慣化されていないと、すぐに答えを求めがちになってしまいます。たとえば、行動に対して「ダメ」と伝える時に、なぜダメなのか、どうしたらよいかを子どもが考える時間をつくりましょう。子ども自身が試行錯誤を重ねることで問題解決力が身につくそうです。叱られるという状況からは、誰でもはやく脱したいものです。問題と向き合う辛抱強さを習慣化することも大切です。

ここかな③ 子ども自身が管理する場所をつくる

- 育児書で「子どもが自分でやると言うようになったら自立の第一歩」と書かれていたので、親が手出しをしなくてもいいように子どもの持ち物コーナーをつくりました。「自分の着る服を選ぶ」「自分でお出かけの準備をする」ことができるように、子どもの手が届き、出し入れがしやすく、どこに何があるか一目でわかるようにしました。その延長で、折り紙に興味をもちだしたら、折り紙ボックスをつくって、材料や折り紙の本を入れるようにしました。箱１つ持ってくればすぐにできるので、子どもがやりたい時に始められて、「やってみよう」という主体性にもつながったと思います。

- 小学３年生の娘は、学校へ行く時に毎朝パニックを起こします。その原因は、学校に着ていく服装へのこだわりです。そこで、子どもと相談しながら、子どもが着ようと思っている服の組み合わせで、タンスにしまうことにしました。スカートとＴシャツ、パンツとＴシャツという組み合わせです。まずは、単純にして、慣れていくことを考えました。靴はシューズボックスの一番下の段。パターン化することによって、スムーズに登校することができるようになりました。しだいに、服以外も自分のこだわりに合うように自分で整えるようになりました。置く位置など親にはわからないこだわりもありますが、自分に合った方法で、準備できればと思っています。

伝えたいこと！ 講演会で、「家の中に子どもが自分で自由に管理できるスペースをつくってあげると良い」という話を聞きました。家庭での身のまわりのものの配置は、親なりの経験と思いもあり、子どもの工夫が活かされずに、親が決めた方法に修正されてしまいがちだということでした。確かに、親が子どもに生活習慣をつけさせようという思いが強いと、子どもはそれに従うだけになってしまうと思いました。押入れの下のスペースを子どもの秘密基地にしたら、喜んでいました。秘密基地には、親は口出し・手出しをしないように我慢しています。

ここかな④ 本人の目標に向かう行動を理解する

- 車が好きで、プラモデルを毎日つくっていました。よく見ると同じ型の同じ色のプラモデルでした。「たまには違う車をつくったら？」と提案してみたところ、部屋のドアを閉められてしまいました。息子の行動は理解できないことが多いので、「どうして何度も同じ車をつくるの？」と聞き直してみました。息子から返ってきた答えは、「自分は車をつくりたいと思って、プラモデルをつくっているけど、ミラーが折れたり、タイヤがうまくつかなかったりする。毎回、同じ失敗を繰り返さないように気をつけてつくるけれど、なかなか満足な車はできないよ」ということでした。こだわりではなく、彼の中の完成形を追いかけながら試行錯誤を繰り返していたのだと気がつきました。

伝えたいこと！ 試行錯誤の過程は周囲からはその意図は理解しにくいのかもしれません。周囲は「同じことばかりしている」と思いがちですが、本人は試行錯誤を繰り返していたようです。試行錯誤を繰り返していくことは、「よりよく生きる」ことの追求にもつながっていくようです。親の希望や判断で無理に気持ちを曲げるのではなく、遠くから見守る姿勢は必ず子どもに伝わり、粘り強く失敗を恐れず前を向いて進む原動力となっていくように思います。

5-4 自分で決める経験

もやもやエピソード

本人と洋服を買いに行っても、なかなか選ぶことができず結局親の好みで選んで買ってしまいます。自分の着るものは自分で選べるようになってほしいです。

ここかな 1 日常生活の中でこころがける

- 朝は時間がないので親がやってしまいがちですが、できるだけ自分で選べるようになるために、最初は飲み物は何にするか、パンにぬるのはジャムかバターかなど、毎日の生活の中で選ぶことを増やしていきました。
- 自分の好きなもの、興味あるものから自分で選ぶ、決めやすいものから始めるといいようです。たとえば、洋服ならば、下着・靴下・シャツなど必須で選択肢が限られるものからはじめました。迷った時は相談してくるので、応じます。買い物の時は店員さんを巻き込んだり、親以外の協力を得ることも大切にしました。

伝えたいこと！ 「どうする？」と子どもに聞いて考える時間をつくり、自分で決める練習を積み重ねるようにしました。自分で決めたことがうまくいくと、成功体験となり自信もついてきます。毎日の生活の中のちいさなことで良いので、「どうする？」と子どもに聞いてみるといいかもしれません。

ここかな 2 選択肢を減らす

- 小学２年生の時、誕生日に自転車が欲しいというので、いろいろ選べたほうが良いと思い、大きい自転車屋さんに連れていくと混乱して固まってしまいました。ハンドルの形、かごの形など具体的な選択肢をつくって好みを割り出し、最後は色だけ選んだらいいようにしました。選択肢が多いとかえって混乱するので、２〜３個の選択肢がいいのだなと改めて感じました。
- 買い物に一緒に行き、「好きな大根はどっち？」と２つから選ぶようにしました。その夜、自分で選んだ大根のおいしさに自信を得たのがきっかけで、買い物で私が迷った姿を見せると「ボクが選んであげる」と言って迷わず選ぶ姿はちいさいながらも自信があってたくましいと思いました。

伝えたいこと！ 幼児期でも、「こっちとこっち、どっちがいい？」と二択で選ぶようにすると、子どもも決めやすいようです。子どもの様子を見ながら、自分で選択する場面を増やしていきましょう。おやつを選んだら「おいしそうだね」、おもちゃや遊びを選んだら「おもしろそうだね」、服を選んだら「すてきだね」と、子どもの選択を認めてほめるようにしていました。次の選ぶ行為の自信につながって、選択肢が多くても自分で選べるようになっていったように思います。

ここかな 3 自分で決めたことは多少困難があっても乗り越えられる

- 自我が芽生えた１歳前後から、自分の意にそぐわないことだと一歩も動かない子でした。その場しのぎのごまかしも通用しませんでした。選択肢をいくつか用意して、その中から選んでもらうようにするとうまくいきだしました。その頃は１つひとつが大変だったけれど、少しずつ慣れていき、自己選択を早いうちから練習できたことで、今では何をするにも自分で意思決定をしてくれて、自分で決めたことは必ず実行できるようになったので良かったと思います。

- 小学５年生の時、息子に山村留学を提案しました。それまでも日常生活で、本人が選ぶ場面を意識して繰り返ししてきましたが、この提案はさすがに判断が難しかったようで、悩みに悩むわが子を見て、誰に相談したいか聞きました。「①これからお世話になる人たち　②いま、お世話になっている人」という返事でした。相談を終えると本人はホッとした顔をして、それからは迷うことなく山村留学を決めました。まだ、自分ひとりで決められる年齢ではなかったのですが、信頼できる人の話を聞くことで大きな決断ができ、有意義な山村留学になったと思います。

伝えたいこと！ 自分で選ぶことは、できるようになるまで時間がかかります。またこの先、進路や人生を選ぶことまで、難しい選択をしていくようになります。日常の中でちいさな選択を重ね、ゆっくり育つ環境をつくることが大切だと思いました。

ここかな 4 柔軟な対応で良い時もあるのでは

- 小学校の頃から服にこだわりがなく、大学生になってもいまだに自分で服を買うこともないし、一緒に行っても選べません。嫌いな服装はあるようですが、どういう服を着ればよいのかはわからないようです。季節感のない服を着て、親をびっくりさせることもあります。大学には、いつも同じ色のＴシャツと同じズボンで行きますが、光や色に過敏でまぶしく感じるからか、チェック柄などは目がチカチカするそうです。自分が着る服くらいは自分で選んでほしいと思っていましたが、服くらい選べなくても構わないかと最近は思うようになりました。

- わが子は外食で食べたいものを選ぶことはできても、服を選ぶことは興味がないのか苦手なようです。一緒に服を買いに行くと、本人が選ぶのを待ちきれずに親が口を出してしまうので、高校生からは親が一緒に行くのをやめ、「いま着ているのと同じようなものを買ったら？」と言って送り出すようにしました。おそらく店で店員さんに相談したりすることはせず、一人で選んでいると思いますが、いつも似た感じのシンプルなものを購入してきます。就職活動の時は、スーツや小物は父親が同行して選び、おさがりも使いながら準備しました。

伝えたいこと！ 誰にでも、すぐには決められないことがあります。その度に選ぶことにエネルギーを注がなくてもいいように、あらかじめ決めておいていいこともあるでしょう。また、迷った時の決め方を決めておくのも一案です。じっくりと考えて選ぶこと、悩まず決めてしまうこと両者の経験を積めるといいでしょう。本人が無理のない範囲でその場を楽しめば良いという肯定的な受け止め方をして、かかわりの中でいろいろな経験をしながら、成功体験を積んでいくことが大切だと思います。

5-5 周囲の意見を聞けるように

もやもやエピソード

友だちの気を引こうと頭をたたいたりするので、先生に注意をされましたが、注意を聞こうとせず、けんかになってしまうだけで、話し合っても一向に改善されません。

ここかな 1　周囲から意見されたこと自体が気に入らないのかも

- 友だちから注意されたことに腹を立てて、話の内容など聞かずに「うるさいんだよ」と友だちの耳元で怒鳴ることが多くなりました。原因は学童保育でのいじめに対して、怒鳴ったり我慢したりする中でストレスがたまっていること。また、みんなと遊びたいと思っても言い出せないため、孤立感が高まっていたようでした。現状を連絡帳で担任の先生に伝えると、先生は「友だちと遊びたいのは成長の現れ」だと、一緒に遊べそうな子に声かけをしてくれました。また、先生から「お友だちは○○してほしいなあって言っているんだよ」と本人に内容を伝えるようしていただいて、しだいに落ち着いてきました。
- 息子がまわりから注意されたことに対して怒っている時は、落ち着いてから、「あなたを非難しているんじゃなくて、あなたの○○という行動をやめてほしいと言っている」と言い聞かせていました。
- 保育園の時から相手の意見や注意に対して、「黙れ！」と怒鳴り、ことばも攻撃的なことがありました。小学生になって「ふわふわことば」「ちくちくことば」を習い、学校生活の中で友だちを傷つけることばも減ってきました。親の私も「○○しなさい」は「ちくちくことば」だと聞いて、反省しました。「○○しなさい」という「ちくちくことば」で、子どもを追い詰めていたんだと思います。

伝えたいこと！ 周囲への文句が多くなった時は、何かストレスを感じていないか、本人の意見を聞いてくれる人はいるのかなどを確認すると、「誰も自分の意見を聞いてくれない」と本人が孤立感を抱えている時でした。周囲から孤立している時は「自分を守ろう」という思いが強くなるようで、周囲の意見の内容など耳に入らず、意見されたということに対して攻撃的になっていました。

ここかな 2 自分の意見が正しいと思っている

- 思い込みが激しく、後からの修正は難しい息子。自分の意見が正しいと思い込んでしまうと、相手の意見は「間違っている」の一点張りでした。親としては、思い込む前に確認して修正しなければと思い、「本当は○○ということじゃない？」と最初の確認、途中の確認をするようにしていました。中学生になると、本人もトラブルは避けたいと言うようになってきて、「違っていたら教えてほしい」と周囲に頼めるようになってきました。自己理解が進んできているように思います。
- 幼い頃から、自分の気持ちをまわりの人に伝えられるように……と思って、子育てしてきました。小学校高学年になるとクラスメートは周囲の意見を聞きながら自分の意見を修正していくのですが、わが子は自分の意見ばかり主張しがちになりました。中学生になり、バスケット部に入ったのですが、顧問の先生が部員で話し合って決めていくことを大切にしてくださり、わが子も随分変わったように思います。「前は自分の意見を話すことが一番大切なことだと思っていたけど、まわりの意見を聞いて自分の意見を変えてもいいのだと驚いた」と言うのを聞いて、「他の人の意見を聞く」ことの大切さを少しずつ理解しているんだと安心しました。

伝えたいこと！ 自主的・主体的というと、「自分のことをしっかり話す力」と思いがちです。でも本当の主体性とは自分の意見を通すことではなく、周囲の意見を聞きながら、良い方向性を探していく過程が重要になってきます。集団での行動を通して学んでくれたらと思っています。

ここかな 3 友だちとのケンカから学ぶ

- 友だちを呼んで娘のお誕生会をした時のことです。他の子はまだケーキを食べているのに、自分の好きなゲームをみんなでしようと言い出しました。友だちの「まだ食べ終わっていない」ということばを聞こうともしないので、一人が「今日は○○ちゃんのお誕生日だけれど、○○ちゃんの言うことばかり聞いて遊ぶのは嫌だ」と言い、帰ってしまいました。

本人は落ち込み、すっかり自信がなくなったように見えました。夕方になり落ち着いてきた頃、「さっきはごめんね」と友だちが言いに来てくれて娘も謝ることができて仲直りをし、食べかけのケーキを渡していました。ピンチはチャンスでした。

- 保育園の先生に「うちの子は友だちとケンカして、ごめんなさいが言えない」と相談した時、「子ども同士のケンカは、ごめんなさいで終わってしまっては成長しないんですよ」と言われました。ケンカをすることで、人とのコミュニケーションを学び、自分たちで解決していく力をつけていくのだそうです。

伝えたいこと！ より多くの人の価値観に触れることで、他者理解や思いやりの心が生まれます。時には、ケンカをしても仲直りをする過程で、どうすればよかったのか自分で考えることができるように、本人と相手の気持ちを整理して伝えていました。

5-6

自分から行動する

もやもやエピソード

幼稚園から帰ってくると「友だちが○○をした」「△△と言われた」など、たいしたことではないのに、グズグズ言います。時間を取ってじっくり聞いてみると、友だちと一緒にしたいことがあるけれど、自分からは言い出せなくて、モヤモヤしているようでした。

ここかな 1 周囲の応援や励ましが自信になる

- 幼稚園の体操教室、スキー合宿とスポーツを学ぶ機会をつくってきましたが、息子はどれも自信につながることはなく、小学校に入学しました。しかし、小学校の先生やクラスメートが応援してくれて、小学 3 年生の時、スイミングの検定合格、4 年生の秋の運動会では、徒競走の練習で 3 位になり、5、6 年生ではダンスも踊れるようになりました。5 年生では自分から応援団に希望して、毎日「疲れた、疲れた」と言いながら、嬉しそうに登校していました。先生のちょっとした工夫や友だちからの応援を受けると、子どもの変化も大きいと感じました。家庭でも変化が見られた時にタイミングよく話題にして、姉や父親からの励ましや声かけも大切だったと思います。
- 運動会の時、借り物競争で長靴で走ることになりました。息子は背の高い子と組んだため走りにくそうで、途中で転んでしまい、最後にゴールをしました。どうやってなぐさめようかと思っていましたが、戻ってきた息子は「みんなが応援してくれて、たくさん拍手をもらったよ」と満面の笑み。日頃から担任の先生が「勝ち負けでなく、どれだけ応援をもらったかだよ！」と子どもたちへ伝えてくださっていたようです。改めて先生に感謝しました。

伝えたいこと！ 学校で友だちと遊べない、ルールがわからない、先生の言うことが理解できないなど、外は本人も緊張し、疲れることが多かったように思います。しかし、子どもが安心できて信頼できるような環境の中では、励ましが本人の心に響き、行動への自信に結びついていきました。

ここかな❷ 無理せず少しずつ不安を和らげる

- 幼稚園・小学校低学年までは、弟が連れて来た友だちとしか遊べず、自分からは友だちを自宅に呼べませんでした。誘って断られるのが怖かったのかもしれません。自宅に友だちを誘いやすいようにして、同じマンションや近所の親同士がお互いの家でお茶をしたり、携帯でやりとりして仲良くなりました。また、友だちに今から電話してみたら？と親が声かけをすることもありました。小学３・４年生頃には、特定の友だち数人を誘って遊ぶようになりました。
- 中学生になっても、同世代との会話もおとなとのかかわりも苦手で、面談では蚊の鳴く声以下のトーンでした。「自分は大丈夫だから、相談しなくていい」と逃げているようにも見えました。家では、相談することの大切さを伝え続け、高校卒業時には、自分から先生に進路の相談ができるようになりました。大学では周囲の学生に声をかけることはできないようですが、学生課には自分の思いを伝えるなど、大人とのコミュニケーションには変化を感じます。先日は、本人をよく理解してくれていた中学校の担任に連絡を取って、一人で会いに行っていました。この行動は意外でした。親はせかさずに、見守りに徹しようと思っています。

伝えたいこと！ ちいさな成功体験を重ねていくことが大切です。スモールステップだと仮にうまくいかなくても、大きな失敗体験にはならず、本人もまた挑戦しようという気持ちになったようです。周囲は、「もう一度やってみよう」「おかあさんは味方だからね」と温かく見守るようにしました。

ここかな③ 何気ない行動も認めてほめる

- いろいろなことを自分から声かけをしてリーダー的に進めることができないタイプの子ですが、クラスでいじめられている子をかばったり、教室移動の時に遅れて教室に入ってくる子にドアを開けたりするので、授業参観などで気づいた時は、気配りをほめていました。
- 幼児期から行動に落ち着きがなく、とにかく「○○してはだめ」ということばかけばかりして子育てをしてきました。小学３年生頃になると、しだいに親に隠れて何かするようになり、どうにかしないと……と焦りま

した。「してほしい行動を示す」「その行動をしたらほめる」「何気ない行動も自分で考えてしたことは、まずは認める」ということから始めました。「おかあさんが喜ぶと思って、牛乳を冷蔵庫に入れておいたよ」などと言うようになってきました。

伝えたいこと！ 自分の行動を認めてもらった経験の積み重ねが、「自分から行動する」ことにつながるように思います。自分のためだけでなく、まわりにちょっとした気遣いができるようになってほしいものです。

COLUMN

ティーチングとコーチング

人材育成の場では、ティーチングとコーチングをどう使い分けていくかが重要視されています。

ティーチング…必要な知識を教えることで、成長を支援するスキル
コーチング……相手に働きかけて主体的な行動を引き出すスキル

「コーチ（coach）」とは、もともとは「馬車」のことを指していて、「相手が望むところまで送り届ける」という意味があります。目的地を決めるのはあくまで本人で、コーチは本人が決めた目標の達成を支援します。目標だけでなく、目標を達成するための方法も本人が決めます。

子育ては養護が必要な乳児から始まるので、親が子どもに教えていくというティーチングの立場に立ちがちです。しかし、子育ての目標が子どもの自立を促していくことにあるなら、コーチングが有効なのかもしれません。

子育てにおいても、子ども自身に選択を促し、子ども自身が考えたことを行動に移せるよう、教育や家庭の環境を整備し、必要に応じておとなが支えることで、自主性ややる気を引き出し、主体性をはぐくんでいくことができます。

［参考］NTTLS人材育成web

第6章

七転び八起き

子どもの長い人生の中で、本人が思い描いていたとおりにならないことはたくさんあるでしょう。また、集団生活の中では、いじめや周囲からの圧力など、理不尽だと思えることを経験するかもしれません。困難に直面した時、自力で乗り越えていけるかは、自尊感情がある程度高い状態に維持されていることが大きなポイントになるといわれています。自尊感情が高いと、良いところも悪いところもすべて含めたありのままの自分を肯定的に受け止めることができるので、失敗しても、「こんな自分でも大丈夫」「自分なら次はやっていける」と立ち直ることができるのだそうです。

自尊感情の発達は乳児期から始まっているとか……。親やまわりのおとなたちとのかかわり合いの中で、自分が愛され、受け入れられていると感じて、自尊感情が育まれていきます。トラブルに直面した時は、まわりの人たちに上手に頼りながら問題に立ち向かい、失敗しても立ち直ることができるようになってほしいものです。

6-1 気持ちを前向きに切り替える

もやもやエピソード

小学４年生のマラソン大会の時のことです。長女は長距離走が得意だったので、上位になれると張り切っていました。ところがスタートしたとたん転倒してしまい、すぐには立ち上がれず結果は真ん中あたりの順位でした。がんばって最後まで走ったことをほめたのですが、１時間以上泣き続け、本当に困りました。失敗した気持ちをいつまでも引きずることが多く、気持ちを前向きに切り替えさせるにはどうしたらよいか、親もよくわからず、「いい加減にしなさい」と叱ってしまいます。

ここかな 1 視点を変えてみる

- 何か１つうまくいかないことがあっただけで、「もうだめだ」と落ち込んでいました。そんなに落ち込む必要はないことを、何度説明してもなかなか伝わりませんでした。家で本人にかかわる事柄をすべて紙に書き出して、こんなにたくさんある事柄のうちの１つを失敗しただけということが見てわかるようにしました。また、次のリカバリー手段も紙に書き出して、失敗してもリカバリーできることを目で見て納得させました。ことばだけでは本人のイメージがわかず、うまく伝わらないと、親もムキになって長々と説得しがちです。必要に応じて紙に書いたり、絵に描いたりするのがよいと気づきました。
- 何かうまくいかないと、すぐに人のせいにする息子。朝起きることができなくて学校に遅刻したのは、早く起こしてくれない親のせい。学校でも自分のミスを指摘されると、

「おまえがうるさいから間違えた」とクラスメートのせいにして、挙句の果てに「お前のせいで、やる気がなくなった」を逆切れする始末。ほとほと困り果てて、学校のカウンセリングの先生に相談しました。失敗を人のせいにするのは自分を守ろうとしているということで、失敗の原因を「人」ではなく、「ものごと」で判断する手助けをするようにアドバイスをいただきました。もともと、周囲の状況を整理することが苦手なので、「失敗はあなたのせいではない。こうすれば今度はだいじょうぶだね」と説明するようにしました。子どもも、失敗を「人のせい」ではなく、「ものごと」として考えられるようになってきて、次第に、逆切れすることも少なくなりました。親も「あなたがこんなことをするから……」と叱っていたことを反省しました。

伝えたいこと！ 子どもがうまくいかない状況に陥っている時、その状況を整理して書き出してみると、客観的にとらえることができます。落ち込んでいる時は、物事を一方向から見た判断で「もうだめだ」と思い込んでいることが多いようです。状況を「見える化」すると、「大丈夫だ」と気持ちを前向きに切り替えやすいようです。

ここかな② 前向きになれることばを口に出してみる

- 少しの失敗も否定的なことばにもとても敏感で、うまくいかなかった時は泣いてフリーズしてしまい、机の下にもぐってしばらく出てこないことがありました。ゲームで負けた時は、家族など気を許している人には感情むき出しで物にあたり、手や足が出ることもありました。気持ちの切り替えができるようになってほしくて、「まあいいか～」ということばを親の私も意識して使うようにしました。しだいに、子どもから「まあいいか～」ということばが自然に出るようになり、妥協できるようになりました。

- 息子が小学生の時、テレビでスポーツ選手が「ドンマイ」と言っているのを見てから、時々「ドンマイ、ドンマイ」とつぶやくようになりました。私が仕事でミスをして落ち込んでいた時、「おかあさん、ドンマイだよ」と言ってくれました。「ドンマイって元気が出るね」と話したところ、「ボクもドンマイって言って、元気を出しているんだ」とのこと。数ある失敗も「ドンマイ」で乗り越えていってほしいものです。

伝えたいこと！ 子どもが落ち込んでいる時に、「どうにかなるよ」「大丈夫」といったことばをかけると、「そうだよね」といった反応を示すことがありました。ことばは口に出すことで、気持ちを切り替えるきっかけになるようです。

ここかな 3 結果ではなく過程が大切

- 息子が小学３年生の時、調べたことをわかりやすくまとめて授業参観で発表する機会があり、息子は好きな四字熟語のことを一生懸命調べて絵に描いてまとめていました。ランドセルに入らない大きさだからと手に持って出かけたのですが、授業参観の日はあいにくの雨で、学校に着くまでにまとめた画用紙はぐしょぐしょになってしまい、学校に着くなり「発表できない」と落ち込んでいたそうです。結局、絵は間に合わなかったけれど、調べた熟語と意味は新しい画用紙に書いて発表することができました。その時、担任の先生が「一生懸命調べたから、時間がない中で書き直すことができたんだね」と言ってくださったそうです。それ以降、「がんばって調べることが大切なんだよ」とよく言うので、子どもなりに結果がすべてではないと理解したのだと思います。
- 運動が苦手な息子は、体育でなわとびや逆上がりができずに落ち込んでいました。学校から持って帰ってきた「鉄棒マスター表」には、前まわり・逆上がり・足かけまわりなどの欄があり、なかなか数が増えませんでした。しばらくすると、「できた数」の欄の前に「練習した数」欄ができていて、練習した数が多い子を先生がほめてくれたそうです。「鉄棒をやりたくない」と言って嫌がっていましたが、逆上がりの練習をするようになり、先生に感謝です。

伝えたいこと！ 結果だけにこだわると、思い通りの結果が出なかった時の気持ちの切り替えが難しくなりがちです。結果ではなく過程に目を向けることで、得たものもたくさんあること、どこを直せばより良い結果にたどりつけたのかなど、いろいろなことに気がつくようです。わが子の場合、努力が結果に結びつくことが少なく残念な思いもたくさんしてきましたが、親は努力した過程をほめることができ、子どもも取り組む姿勢が大切だと考えるようになりました。「やっても無駄だ」と物事を投げてしまうことがなくなったように思います。

6-2 自分に自信をもてるように

もやもやエピソード

小学３年生の頃から、まわりと比べてできない自分を感じるようになり、「どうせ失敗して怒られる」と消極的になっていきました。それまでは自分の思いのままに行動することが目について、「まわりを見るように」「みんなに迷惑をかけないように」とうるさく注意してきたことが悪かったのかと悩んでいます。

ここかな 1

ちいさな目標を立てて、達成感を積み重ねる

- 縄跳びは連続４回が最高でしたが、目標も「前まわし４回」からはじめて、回数を増やしていきました。20回くらい跳べるようになると、コツをつかんだのか、一気に30回、40回と目標達成まで時間がかからなくなりました。クラスメートの前で何回も跳べるのは、本人にとっても嬉しいことだったようです。
- わりと完ぺき主義なところがある息子。計画も高めに立てることが多く、「できない」ことばかりでした。夏休みの計画表も１、２日目には計画通りにいかず挫折。すぐ投げやりになって、「もう間に合わない」「どうせやっても無駄だ」と、ダラダラと夏休みを過ごしていました。小学４年生の夏休みは、毎晩「明日はこの本を読む」「明日は学校のプールをがんばる」など、次の日の目標を１つ決めて、あとは自由時間にしてみました。決めた目標がすぐに達成できると、続きを自由時間でやる気になるらしく、小学生になっ

てはじめて目標クリアの夏休みを過ごすことができました。

- 息子は、第一志望の高校受験失敗でひきこもり状態になってしまいました。併願で受験した高校には合格していて入学金も払い込んでいたのですが、入学式にも行きませんでした。中学からも塾からも「第一志望高校は恐らく大丈夫」といわれていたので、不合格だったのがよほどショックだったのだと思います。「中学の知り合いに会ったら嫌だ」と、家の外に出なくなりました。親は焦りましたが、ひきこもり支援をしている団体とつながることができ、息子とは日常会話に徹しました。引っ越したほうが良いか悩みましたが、根本的な解決にはならないということで、少しずつ外へ出る目標を立てて気長に待ってみることにしました。伸びた髪を切りにいくのに３か月ほどかかりましたが、10分ほどで手早く終わる理容店に誘ったのが良かったのか、「短くしてください」と家族以外の人と久しぶりに話すことができました。「パソコンの付属品を買いに家電量販店に行く」「気になるラーメン店に行く」など、本人が出かける気になる場所へと行動範囲を広げていきました。２年後に通信制高校に入り、自分と同じような経験をした友だちもできました。

伝えたいこと！ 目標は日常生活の中のごくちいさなことにしました。大きな目標は達成するまで時間がかかり、場合によっては達成できず挫折感を与えてしまうことになります。はじめは、達成できると確信できることを「目標」として立てていました。

ここかな② 良いところをたくさん伝える

- 幼児期から周囲の友だちとうまく遊べず、ひとり遊びをしていました。小学校に入ると、どうしてもグループ活動が多くなり、「自分だけ注意される」と言うようになりました。「一生懸命やればいい」と漠然と励ましていたのですが、「具体的に良いところを伝えるように」というアドバイスをもらい、音楽発表会では「しっかり指揮者を見ていた」「自分の演奏する場所を覚えていた」など、できていた部分を伝えました。本人が一番嬉しそうだったのは、「とても楽しそうに演奏していた。演奏会を見ている人も楽しくなったと思う」という感想を伝えた時でした。

- 子どもには、「まじめなところがすばらしい」「人のせいにしないところがすばらしい」と何かあるごとに話してきました。「まじめなことと人のせいにしないことは、まわりの人からいちばん信頼してもらえる」と伝えてきました。本人もそう思っているようです。

伝えたいこと！ うまくいかない時は、どうしても自分のできないことや苦手なことに目が向きがちです。「自分は失敗ばかりする。他人にも迷惑をかけてしまう」と思考がネガティブになると、問題から逃げるようになってしまいます。2歳までは子どもが生まれた時にもらった育児日記をつけていましたが、幼児期は忙しくて記録から離れていました。子どもが小学校に入ってから、子どもの何気ない行動をメモしておくようになり、必要な時に読み直すと、わが子の良いところがたくさんわかるので、ほめることが多くなりました。記録しておくと、わが子が本来持っている良いところ、できるようになったことがわかりやすいうえ、子どもが思春期になって、進路などで悩んだ時、いろいろ参考になりました。

ここかな③ 自分の気持ちを話せるようになる

- 幼稚園でわが子が一緒に遊びたいと思っている子がいました。ところが、一度仲間に入れてもらえなかったことがあり、とても消極的になっていました。休みの日にゆっくり話を聞き、仲間に入れてもらうのになんと言えばいいか一緒に考えました。翌日、わが子はその子に声をかけ、一緒に遊ぶことができたそうです。幼稚園では自分の気持ちを言えない子どもでしたが、このことがきっかけでだんだん自分の意見が言えるようになりました。

- 長男は書くことが苦手です。小学３年生になると算数は４桁の筆算がありますが、桁をそろえて書けないため、筆算の計算ができません。宿題もできないため学校で泣いてしまいました。本人は「できない」上に「泣いてしまったこと」も気にしていたようですが、支援の先生が時間をかけて気持ちを聞いてくださったようです。このことがきっかけで友だちとのトラブルがあってもやり返さないで、担任や支援の先生に気持ちを話すことができるようになりました。
- 息子は、小学校３年生頃から何か失敗すると、「自分が悪かったから」で終わらせてしまうことが増えてきました。失敗の原因を考えるわけでもなく、また「本当にあなたのせいなの？」といったことまで、「自分のせい」で終わらせたがっているようでした。学校でグループ活動がなかなか進まなかった時も「おれが○○していくのを忘れたから」と言うので、よくよく話を聞くと、グループ活動の間ずっと、忘れたことをみんなに責められていて時間が過ぎてしまったということでした。「ずっと怒られていて嫌だった」とポロポロ泣き出しました。親も、こんなにまで感情にフタをしていたんだと反省。自分の気持ちを話すということがどんなに大切なのか、改めて気がつきました。

伝えたいこと！ わが子はことばが出るのが遅かったこともあり、落ち込んだ時、つらい時に、その気持ちを話せず、人やものにあたり、泣きわめくといった乱暴な行動に困っていました。気持ちを代弁してあげると、子どもも落ち着くようで、少しずつ自分の気持ちを話せるようになってきました。子どもも、落ち込んだ時にどう感じているのか、これからどう行動するのか、対処方法を学んでいきました。

ここかな④ 他の子と比較しない

- 乳幼児健診の時に専門家の先生のお話を聞く機会があり、「子ども一人ひとり、育っていく様子が違うので、他の子と比べても良いことは何もない。素直にわが子の成長を喜ぶことができるのは、親の特権」というお話に、本当にそうだと思っていました。しかし、幼稚園・小学校の生活では、どうしても周囲の子と比べてしまい、子どもに「みんなできているのに」とか「もう○歳なのに」といったことばを言ってしまっていました。何ごとにも消極的な子どもにしてしまったのは母親の自分かもしれないと思っていた時、健診で話を聞いた先生の講座を見つけ、子育てや発達について改めて勉強しなおすことにしました。親の声かけひとつで子どもが自信をつけていくことを学び、何よりも子どもがのびのびしてきました。「失敗すると迷惑かけるから」といったことばを子どもから聞くこともなくなってきました。
- 小学４年生の時、本人が周囲と比べてできない自分を感じるようになり、「みんな、○○できるのに」「できないのは自分だけ」と言うようになってきました。そのたびに「○○できなくても、生きていくのに困らないよ」「○○できなくても△△ができるから、いいじゃない？」と言って、周囲のちいさな世界だけで「できる」「できない」を決めつけないほうがいい、世界は広いし、国が変われば評価の仕方も基準も違うと教えてきました。時々、「自分は自分なんだよ」と言うので、本人の価値基準になればいいなあと思っています。

伝えたいこと！ 学生の時も社会人になっても、常に人との競争の中で生きてきたこともあり、わが子を周囲と比較しないで育てることは、なかなか難しいことでした。子育ての中でまずは、子どもを一人の存在として認め、子どもとの関係を上下ではなく、対等な関係をつくることが基本ということを知りました。幼い子どもの考え方や意見はまだまだ未熟なところはありますが、親は自分の考えや意見と対等に向き合ってくれると感じてくれていればいいなと思っています。

6-3

行動するきっかけをみつける

もやもやエピソード

小学6年生の娘はクヨクヨしだすと負のスパイラルにはまってしまい、どんどん落ち込んでしまいます。学校で、娘がクラスメートの好きなアイドルを子どもっぽいと言ったことで、クラスメートが泣きだしてしまったそうです。クラスメートには謝ったのですが、娘のほうが「あんなことを言ってしまって、もう学校に行けない」と言い出し、部屋から出てこなくなり、3日間学校を休みました。「どうしよう」と悩みごとが出てくるとひきこもってしまい、周囲の声が入らないので困ります。

ここかな 1 やり直すことができる経験を重ねる

- わが子は苦手なことが多く、できないことがあるたびに「また怒られる」という思いが強くなり、「どうせできない」と言い訳をしたり、人のせいにしていました。これでは良くないと思い、できるだけ本人の話を否定せず、できないこと・失敗したことを責めないようにして、「～してみようか」とやって欲しい行動をわかりやすく伝えるようにしました。どうしたらいいのか具体的にわかると、行動に移しやすいようでした。
- 息子は幼稚園の頃から、何か失敗すると逃げてばかり。幼稚園に遅刻すると「もう行かない」、発表会の練習がうまくいかないと「もうやらない」の連続でした。ところが、小学2年生の担任の先生が励ますのが上手で、「遅刻しても学校に来れたことはすばらしい」「遅れてもプリントをちゃんと出せたね」とちょっとしたこともほめてくれました。運動会の時も「ダンスの順番をまちがえるから、休みたい」

と言っていましたが、「今までだって、やめたいと思っても、勇気を出して挑戦するとうまくできたことがたくさんあった」と励ましてくれました。ダンスは少しまちがえたけれど、本人はそれほど気にしていないようで、「運動会に出れてよかったよ」と繰り返し言っていました。

伝えたいこと！ 「失敗した時が教えるチャンス！」ととらえて、具体的にどうしたらよいか親子で工夫するようにしてきました。そして、日常の生活の中で「あなたには解決できる力がある」と繰り返し伝えるようにしました。「見ているから大丈夫」「うまくいかなかったら、また一緒に考えよう」ということも伝えるようにしました。自分の力で解決できたという経験が、社会とかかわっていこうとする力を育てると実感しています。

ここかな 2 行動することで次のステップが見つかる

- 小学３年生から野球チームに入っていた息子。はじめはレギュラーに選ばれていましたが、５年生になると他の子が上達してきて、レギュラーからはずれるようになりました。「おもしろくない」と練習もさぼるようになり始めた頃、監督が「おもしろくない気持ちはわかるが、練習には来い」と言いに来てくれました。練習をさぼって家にいた時は不満や言い訳ばかりブツブツ言っていましたが、練習や試合に行くとレギュラー以外のことも考えるようで、「対戦相手の分析が大切」などというようになりました。動くことでいろいろ得るものがあったようです。
- 小学２年生から地域のトランポリンクラブに参加しました。個人種目は自分のペースでできるので続けて参加できました。クラブの子どもたちで受けた進級テストは緊張してまちがえてしまい、一人だけ不合格でした。かなり落ち込みましたが、コーチの励ましもあり、やめることなく続けることができました。続けることで、難しい技もできるようになり、県大会にも出場できました。トランポリンを通して、多少失敗しても、次がんばればよいと気持ちを切り替えられるようになりました。また、何事も努力すれば上達していくことを学びました。

- 小学４年生の時に、息子がクラスの中のけんかが原因で仲間はずれにされたと落ち込んでいたことがありました。たまたま、町内の朝そうじの当番にあたっていたので、息子にも手伝ってもらって、「クヨクヨ考えるのは、何か行動してからでも遅くないけどね」と話しました。そのうち、無事に解決したようで、「いつも通りに声をかけたらなんでもなかった」そうです。もしかしたら「仲間はずれにされた」という息子の話も大げさなことではなかったかもしれませんが、それからは、しんどいことがあったのかな？と思った時は、何か一緒にしながら話をするようになりました。座って話すと親が一方的に質問攻めにしがちなので、散歩や買い物に出かけて歩きながら聞くと良いと思います。「クヨクヨ考えていても始まらない」といった話もよくしています。
- 幼児期からあまり外に行きたがらない娘に聴覚過敏があることがわかったのは、高校卒業後の就職がうまくいかなかった時でした。聴覚過敏が外に出られなかった原因とわかり、デジタル耳栓の使用などを教えてもらい、娘も場所を選べば出かけられるようになってきました。娘の体調に合わせて短時間ですが働く職場も見つかりました。娘オススメの場所は、喫茶店、レストラン、書店、どこも落ち着いた雰囲気のゆったりできる「癒やされる場所」ばかりです。家以外にお気に入りの場所ができたことで、娘も自分の行動を自分で決めることが多くなってきました。

伝えたいこと！ 落ち込むことが多い息子。もともと内向的なので、落ち込んだ時は、とにかく一緒に外に出かけるようにしていました。閉じこもっていると、行動に移すことがどんどん不安になってきてしまいます。動いて外の世界にかかわっていると、行動へのハードルが低くなるのかもしれません。

6-4 サポートを求める

もやもやエピソード

娘は授業で使うものを忘れていっても誰にも何も言わず、黙っています。隣の子や先生が「今日コンパス持ってこなかったの？」と気がついて、貸してくれています。自分が困った状況だと思っていないところが問題かもしれません。

ここかな 1 自分からサポートを求めることはよいことだと伝える

- わが子は、気持ちを伝えたり、ことばで伝えることに困難さがあり、学校などでは困っていることを言えずに黙っているタイプです。気がついてもらえず、放っておかれがちでした。「話したらわかってもらえる。言っていいんだ」と思えるように、「話してくれたから気持ちが良くわかったよ。ありがとう」と、気持ちを話してくれたり、話そうとした時はその場で必ずほめるようにしました。少しずつですが、学校やその他の場所でも困った時は自分から「○○ってことですか？　こうしたらできるので、この方法でもいいですか？」など、聞くことができるようになってきました。
- わが子は不注意でボーッとしていることが多く、通学団（登校班）でみんなと一緒に通学することが難しそうでした。小学３年生の頃、「ボクは歩くのも遅いし、通学団から遅れてしまうから、一人で学校に行くようにしたい」と言いました。親としては「がんばってみんなと一緒に行かなくちゃダメだよ」と言いたいところをぐっとこらえ、本人の気持ちを尊重することにしました。学校や通学団の仲間にもお願いして、一人で通学することにしました。子どもにすれば、「絶対に認めてもらえない」「わかってもらえない」と思うことでも、まずは話してみる勇気につながったと思います。

伝えたいこと！ 人は不安だったり落ち込んでいたりすると、他の人にサポートを求めにくくなります。しかし、アドバイスを求めることは有益だということ、親自身も普段、いろいろな状況の中で、誰かにサポートしてもらっているし、お互い助け合っていると教えていくことが大切です。

ここかな② 困った時に周囲の人に助けを求める

- 子どもが「学校で嫌な思いをした」と言った時、「それを誰かに話した？」と聞き、誰かとかかわりあう必要があることを教えました。
- 友だちや先生、ご近所さんや親戚、誰か気にかけてくれる人など、子どもの身のまわりには、さまざまなサポーターが存在することに気がつくよう教えていました。

- 息子が小学校から帰ってくる途中、書道道具のカバンの取っ手が取れてしまい、道路にすずりや筆をまき散らしてしまいました。通りかかった人が割れてしまったすずりの破片を集めてくれて、手持ちのビニール袋に全部入れてくれたそうです。「助かったよ」としきりに感謝していました。ちょっとしたことの積み重ねが、困った時は誰か助けてくれるという思いを育んでいくのだと、親も感謝しました。

伝えたいこと！ 子どもが失敗した時に頭ごなしに叱らないように気をつけていました。「困ったら相談してね」と子どもに言っていましたが、子ども自身が「困った状況」がわかっていないこともあります。「物を失くしちゃった時はおかあさんのスマートフォンに電話してね」「学校で忘れ物に気づいた時は、先生に言ってね」など、どういう状況になったら誰に相談するか、具体的に伝えていました。相談できそうな人はまわりにいるけれど、遠慮して言い出せないこともあるので、普段から実際に悩みや思いを打ち明けたりできる人や場所は多くもつように心がけておくと、子どもが悩んだ時の助けになりました。

6-5 子どもの意欲が落ちてしまった時

もやもやエピソード

身のこなしが不器用で、小学校でも長縄に入って跳ぶことができず、休み時間も外で遊ばなくなってしまいました。長縄では、自分の失敗が全員に迷惑をかけてしまうので、子どもにとってはつらい経験だったのだと思います。「気にしなくていいよ」と言っていたのですが、すべてのことに自信を失ってしまったのか、何もせずゴロゴロしていることが多くなりました。学校では既に長縄跳びはしていないそうですが、「疲れた」と言って登校しぶりも始まり、対応に苦慮しています。

ここかな 1 よく食べ、よく眠ること

- 小学3年生の時、感情を示さなくなったことがありました。目もうつろでした。担任の先生に相談しましたが、学校では特に何もなかったようです。それまでめいっぱいがんばってきて、張りつめた糸がプツンと切れてしまったようでした。あれこれ聞いても「うん」というような返事ばかりだったので、とにかくしっかり食べさせることに気を配りました。夜の睡眠が浅いのか、昼もうつらうつらすることもありました。学校に行ける状況ではなかったので、昼は一緒に家事をして体を動かし、散歩に誘い、夜しっかり寝ることができるようにしました。そうこうしているうちに、わりと早く感情が戻ってきました。児童精神科の先生にもつながることができ、子どものペースを大切にしながら学校生活に戻りました。
- わが家では、がんばった時や嬉しいことがあった時ではな

く、つらい時においしいものを食べに出かけることにしています。父親が「しっかり食べれば意欲もわく」という方針で、嬉しい時は親が何をしなくても子どもは勝手に食べるけれど、子どもが「もうだめだ」と思っている時こそ親の出番だそうです。父親自身が留年を続けて落ち込んでいた大学時代に得た教訓だということです。

伝えたいこと！ よく食べよく眠ることは体にとって大切。精神の健康にもつながりがあります。基本的なことで、ちいさな積み重ねが違いを生んでいきます。

ここかな② 笑うこと

- お笑いが好きな娘。いつもお笑い芸人の番組を見て大笑いしています。一度、娘がお笑い番組を見ても豪快に笑わない時があったので、何かあったのか聞いてみると、友だちと学校でトラブルになっていたそうです。しかし、お笑いを見て気分転換になったようで、トラブル解決に向けて友だちと話し合う気になったということでした。
- 中学３年生の息子の成績が伸びず、塾から高校受験の志望校を変えるよう言われ、息子には大きなショックだったようです。息子なりにがんばってきたという思いもあり、「志望校を変えてまで高校に行く気はない」と言い出しました。それなら、勉強をがんばって第１志望を受験すればいいと思うのですが、「どうせ勉強したって受からない」と投げ出してしまう息子と親子バトルになりました。そんな時、ダジャレ好きなおじさん（私の弟）が来て、わが家の空気も読まず、ダジャレを連発して夕食を食べて帰っていきました。家族もみんな「しょうもない！」を連発して久々に大笑いしたのですが、息子も「悩んでいるのがアホらしくなった」ようです。結局、気持ちを切り替えて志望校を変えることができました。

伝えたいこと！ 笑うと神経伝達物質であるセロトニンが出るのだそうです。セロトニンは「幸せホルモン」と呼ばれ、笑いがストレスを軽減させることは、科学的に証明されているそうです。

ここかな❸ 休む時間も大切だと伝える

- 小学１年生の時、連日運動会の練習でクタクタのわが子は休みの日も「ダンスの練習をしなければ……」と言って、泣きそうでした。「疲れているから今日はゆっくりしたほうが良い」と言い聞かせ、飼っている犬と遊んで過ごすことにしました。翌日は元気になり、学校でも集中して練習できたようです。
- 息子が小学５年生の時、夏休みの自由研究が小学校の代表に選ばれて、市内の小学生が集まって発表する場に参加したことがありました。人前でうまく発表ができるか心配していたのですが、発表の手元原稿が数枚抜けていたようで、「あの」「あの」を繰り返すばかり。晴れの場で大失敗して、「せっかく学校の代表として選んでもらったのに」と落ち込んでいました。息子に「最近、準備で忙しかったから、しばらくゆっくりしてもいいんじゃない？　走れ、メロスだよ」と話したら、「休んだら、メロスみたいに、またがんばって走ろうって思うよね」と妙に納得していました。私も少し安心して「もう少し見守ろう」と思いました。

伝えたいこと！ 疲れた時は休んでも良いということを伝えていました。疲れた時は休んだほうが、その後、元気に取り組むことができるし、なぜか休んだほうがうまくいくこともありました。いつもがんばり続けるのではなく、たまには休んでもよいことを折に触れて伝えていきたいものです。

ここかな④ 子どもの存在そのものを認める

- 着替えなどできるようになってきたのに、「ママ、○○やって～」と甘えてくることがありました。甘えてくるのは、ホッとしたい、安心したい、親の温もりや優しさに触れたい時だと思い、「自分でできるでしょ」と言いたいのを我慢しました。後から考えてみると、子どもの心もちょっと元気がない時でした。
- 「2、3歳の頃は甘えてきたら、たくさん抱っこしてあげて」と健診の先生に言われました。特に子どもが感情的になっている時は、親も声を荒げがちですが、抱っこは一番の安定剤になるそうです。子どもが落ち着いたら、「こうしたらできるよ」と勇気づけるかかわりをするとよいそうです。
- わが子が落ち込んでいる時は、「できなくて悲しいよね」「負けて悔しかったね」と子どもの気持ちを代弁しながら、失敗してもできなくても一番でなくても、大切な子どもであることを伝えるようにしていました。

伝えたいこと！ 「何があっても大丈夫。いつも味方だよ」という思いを繰り返し伝えることが大切とわかっていても、日々の子育ての中では難しいこともあります。そんな時は素直に親の気持ちを伝えたり、時には謝るように心がけていました。

6-6 視野を広げる

もやもやエピソード

息子は学校の集団生活になじめず、疎外感を感じることが多かったからか、小学生の頃から「みんながオレの悪口を言う」「みんなでオレを除け者にする」と周囲はすべて敵のように思っていたところがありました。小学6年生になり、学校へ行かない日は1日中自分の部屋に閉じこもっています。どんどん自分の世界を狭くしているようで、完全にひきこもりになってしまったらどうしようかと悩んでいます。

ここかな 1 多様な考えや価値観に触れる

- 娘は、小学5年生から同じクラスになった子の言動に共感しているようでした。クラスの数人が一人の子に対して「いつも髪の毛を気にして触っている」と非難を始めた時、その子は同調することなく「癖になるとなかなか直らないんだって」と言ったそうで、娘はその態度に信頼感とあこがれをもったそうです。私なら、「髪の毛は触らないほうがいいね」などと娘に言っていたかもしれません。娘は自分の家でも経験したことがない、その子の非難とは違う対応の仕方に新鮮さを感じたのでしょう。
- 息子は、小学生になってクラスの中で「自分勝手だ」と非難されることが多くなり、「みんなをやっつけたいから、空手教室に行く」と言い出しました。家の近くに空手スクールがあり、身体だけでなく心も鍛えてくれることを期待して、小学2年生から空手を習い始めました。今は型の練習を一生懸命しています。気合いが満ちてくるのだそうです。空手は、息子の「勝った、負けた」「やっつける、やっつけられた」というそれまでの価値観とはまったく違った見方を教えてくれたようで、習いはじめてから考え方も前向きになり、精神的にも強くなったように感じています。息子には向いているようです。

- 息子はひとりっ子で、父親と母親の3人家族。小学校では担任の先生が体力に自信がなく引っ込み思案な息子のことを気にかけてくれ、クラスメートにもいろいろ助けてもらっていました。人と協力し合うことを学んでほしくて、ボーイスカウトに入れたところ、ボーイスカウトのグループは息子にとって新しい子ども社会だったようで、「仲間の中の一人」としてのびのびと活動していました。グループの中で意見の対立があった時は、仲介役を果たしたこともあったようで、あとで聞いてとても驚きました。
- わが子は小学校で通常学級に在籍していましたが、学習についていくことができず、中学校では情緒障害児学級に在籍しました。情緒障害児学級はわが子にとって居心地のよい場所で、学習面で苦労することはありませんでしたが、逆に学習意欲につながる経験もなくなりました。そんな時、市内の通常学級との交流事業で中学3年生の生徒と仲良くなり、折に触れ彼の高校進学の夢を聞くうち徐々に息子の「高校進学に向けて勉強したい」という学習意欲が戻ってきました。中学校側の配慮もあって、高校受験に向けて学習に取り組むようになりました。
- 娘が小学4年生まで通っていた小学校は新興住宅地にできた学校で、わりと似たような家庭環境の子どもが多かったように思います。小学5年生になる時に引っ越すことになり、外国にルーツをもつ子どもが多く通う小学校に転校しました。以前の小学校はクラスの中でも中学受験や成績が話題になることが多かったのですが、転校した小学校はいろいろな背景をもっているクラスメートが多く、娘と母親の私にとって新しい価値観との出会いでした。引っ越し・転校という娘の環境変化を支え、娘のものごとへの見方を柔軟にしてくれたのは、いろいろな人がいて、それぞれ自分を生きているという社会の多様性でした。

伝えたいこと！ 単一の狭い価値観でできている社会は、異なる価値観を認めることが難しい傾向があります。いっぽう、いろいろな価値観が存在する社会では、互いの価値観を尊重できるようです。違った角度での見方や考え方は、落ち込んだ時に立ち上がるきっかけを与えてくれるかもしれません。

ここかな 2 自分の周囲の人を気にかける

- 個別で英語を教えてもらっている塾の先生の息子さんが交通事故で亡くなられました。事故直後は親子とも塾に行くことをためらったのですが、休まず来てほしいとのことでしたので、続けて行きました。息子さんを亡くされた先生のつらい気持ちを近くで感じていたようで、先生が辛く悲しいことを少しずつ乗り越えていかれる様子を間近で学ぶことができました。特別なことはしなくても、息子が塾に通い、そばにいることで先生の気持ちを癒やしていることにも気がついたようです。
- 息子が小学６年生の時に手術のため入院しました。退院後もしばらく登校できなかったので、クラスメートが交代で学校のプリントを持ってきてくれました。息子もクラスメートが来てくれるのを楽しみに待っているようでした。実は、小学４年生の時にクラスメートがケガで登校できないことがあり、同じマンションの息子が先生から頼まれた封筒を持って行ったことがありました。「あの時、自分はただ先生に頼まれたから持って行っただけだったけど、持ってきてもらうほうは嬉しかったのかも」と言うので、「気にかけてくれる人がいるのは嬉しいね」と話しました。
- 小学５年生の時、クラスメートの一人が腎臓病になり、長期入院しました。クラスでは定期的にお見舞いに行くグループをつくり、息子も時々病院へ出かけていました。病院が長期入院の子どもたちのために開いたクリスマスパーティにも参加させてもらい、息子は長い間入院している子が結構たくさんいることに驚いていました。高校２年生の時、サッカー部の練習の際に骨折してしまい、手術をしました。退院後のリハビリ通院も大変でしたが、「あの時の長期入院の子たちと比べたら、なんてことないと思う」と話していたことが印象的でした。

伝えたいこと！ 子どもがつらい状況にあると、親はどうにか励まして力になりたいと思うものですが、子ども自身の経験が支えになったと感じたことがたくさんありました。「困っている人のことを気にかけると自分自身のためになる」という本当の意味に触れたように感じました。

ここかな ③ 社会で起こっていること、困難にある人について話す

- わが子が生まれる前から途上国支援の寄付をしている関係で、わが家には寄付先の国の子どもたちから定期的に手紙が届きます。時々写真も入っているので、わが子が幼い頃から途上国の子どもたちの状況について話す機会がありました。小学校低学年の頃は、「日本生まれで良かった」と言っていましたが、成長の過程で少しずつ国の政治と人々の関係も考えるようになったようです。もし本人に何かつらいことがあっても、気にかけて助けてくれる社会だと感じてほしくて、世界にはつらく悲しい状況にある人がたくさんいて、だからこそお互い助け合うことが必要だと伝えてきました。
- わが子の小学校では「赤い羽根共同募金」の活動を毎年していました。毎年、募金活動がある時には100円を持って募金箱に入れていましたが、小学５・６年生の時は、小学校の児童会として募金を呼びかける側にまわりました。募金がどのように使われているか校内で学習することがあり、

6年生の時に地域で募金を使わせてもらったという施設に行く機会がありました。募金活動を身近に感じたようで、子どもの作文には施設で聞いた話や「共同」の意味について書いてありました。

- 息子とはニュースの内容について話し合うようにしています。息子が中学生の時、学校のいじめが原因で亡くなった小学生のニュースの話をしていると、「ボクも小学生の時いじめられたことがあったけど、ちょうどその時、借金で父親が自殺してしまったニュースのことをおかあさんと話したの覚えてる？　おかあさんが、自殺は残された家族がつらいって言っていたから、ボクは死ななかったのかも」と言い出して、驚きました。死なないでくれて良かった……。

伝えたいこと！ 自分一人の人生で経験できることは限られていますが、幸い人間には人の話を聞いて共感する力があります。身近に起こっていること、世界で起こっていることについて話し合うことで、子どもの人生の幅や深みが増すのではないかと思っています。

COLUMN

失敗は成功のもと

洋の東西を問わず、「失敗から学ぶことは多い。失敗にくじけるな」といったことわざがあります。

うまくいかなくて悩んでいる人を励ます格言はたくさんありますが、「発明王」と言われるトーマス・エジソンは特に多くの失敗にまつわる名言を残しています。

● I am not discouraged, because every wrong attempt discarded is another step forward.

私は落胆していません。なぜなら、破棄された誤った試みは別の一歩前進であるからです。

● I have not failed. I've just found 10,000 ways that won't work.

失敗したのではありません。私は正にうまくいかない10,000通りの方法を見つけていたのです。

エジソンは、幼児期はことばが遅く、学校からの評価は低かったそうです。「発達が気になる子」だったのかもしれませんが、エジソンの親は、子どもの好奇心を大切にし、励まして自信を与えました。

わが子を「発明王」にしたいと思っていませんが、人生につきものの失敗を恐れず、落ち込んだ時は立ち直り、自分の人生をあきらめないでほしいと願ってやみません。

［参考］『快人エジソン――奇才は21世紀に甦る』浜田和幸著（日本経済新聞出版）

NPO法人 全国LD親の会

特定非営利活動法人 全国LD親の会　事務局
〒151-0053 東京都渋谷区代々木2-26-5 バロール代々木415
電話・　FAX：03-6276-8985
ホームページ● http://www.jpald.net/　E-MAIL● jimukyoku@jpald.net

子育ての悩みや進路・就労のことなど、親同士がつながり支え合っています。
発達障害のある人が生きやすい社会をめざし、一緒に活動しませんか？

● 全国LD親の会とは

LDなど発達障害のある子どもをもつ保護者の会の全国組織です。LDなどの発達障害のある人が、自立した豊かな社会生活をおくることをめざしています。加盟している各地域の親の会は、ブロック活動や全国各会との交流をおこなっています（北海道ブロック・関東東北ブロック・東海北陸ブロック・近畿ブロック・九州ブロック）。

● 主な活動

1、LD等発達障害に関する研究事業（研究事業・調査事業など）
2、LD等発達障害に関する理解啓発事業（公開フォーラム・各種講座の開催など）
3、本人および家族への支援事業（会員研修会・交流会の開催など）
4、支援・制度の充実に向けた事業（要望書提出・関係団体や省庁との連携など）

親の会の会員さんからはこんな声が！
・子育ての悩みや進路の相談ができます！
・先輩会員のアドバイスがもらえます！
・一人で悩まないで！

詳しくは、全国LD親の会
HPをご覧ください。

ちょっと教えて！　よくあるQ＆A

● 親の会に入会するにはLDの診断が必要？

LDだけでなく、ADHDやASDの子どもさんも一緒に活動しています。診断の有無にかかわらず入会できます。

● 各地のLD親の会ではどんな活動をしているの？

親の活動としては有識者の講演会、子育て報告会、学校・職場見学会などの勉強会などを開催し、県・市町村の教育委員会などへの働きかけや、福祉関係団体・企業などに対して、LDなどの発達障害への理解を高める啓発活動などをおこなっています。子ども活動として、キャンプ、クリスマス会、算数教室などの遊びや勉強会を企画し、子どもたちの友だちづくりや社会性のトレーニングなどをしている会もあります。

入会のお問い合わせ：全国LD親の会事務局
jimukyoku@jpald.net

会員募集

―― 正会員団体、準会員団体の募集 ――

LDなどの発達障害関係の親の会で、全国LD親の会に加盟し一緒に活動することを希望する団体を募集しています。詳細は、事務局にお問い合わせください。

―― 個人準会員、賛助会員の募集 ――

全国LD親の会の正会員団体がない県にお住まいの、LDなどの発達障害のある子どもの保護者で、全国LD親の会の目的に賛同し、将来地元でLDなどの発達障害の親の会の設立や参加を希望する方を「個人準会員」として募集しています。同県の中で複数の方の登録があれば、連絡を取り合えるような仕組みをつくり、その地域でLDなどの発達障害の親の会の設立をめざします。

また、全国LD親の会の活動を支えてくださる賛助会員（個人･団体）も募集しています。詳細は、事務局にお問い合わせください。

―― 親の会の設立支援 ――

全国LD親の会は、親の会の設立や運営を支援します。LDなどの発達障害関係の親の会の設立を考えておられる方は、事務局にお問い合わせください。

プロフィール

●NPO法人　全国LD親の会

全国LD親の会は、LD（学習障害）など発達障害のある子どもをもつ保護者の会の全国組織。1990年2月に活動をはじめ、発達障害への理解を進める活動や支援や制度の充実を求める活動をしている。全国LD親の会に加盟している各地の親の会は、子どもたちの友だちづくりや社会性のトレーニングのために、あそびや勉強会を企画したり、講演会や学校・職場見学会などの勉強会、会員同士の相談会をおこなったりしている。

●安住ゆう子

東京学芸大学大学院修士課程 学校教育専攻発達心理学講座修了。
NPO法人フトゥーロ LD発達相談センターかながわ所長。公認心理師、特別支援教育士SV。『あそびっくす！　まなびっくす！』（かもがわ出版）など、著書多数。

[編集委員]（50音順）
粟野健一・井上育世・河毛由喜子・小林亜希子・多久島睦美・新堀和子

発達が気になる子の
子育てモヤモヤ解消ヒントブック
社会の中で生きるちから編

2023年2月1日　　第1刷発行

編　者／ⓒNPO法人全国LD親の会
監　修／安住ゆう子

発行者／竹村正治

発行所／株式会社　かもがわ出版
〒602-8119　京都市上京区堀川通出水西入
☎075(432)2868　FAX 075(432)2869
振替　01010-5-12436

・カバーイラスト　すがわらけいこ
・本文イラスト　田中陽子
・カバー・本文デザイン　菅田　亮

印　刷／シナノ書籍印刷株式会社

ISBN978-4-7803-1248-5 C0037　　Printed in Japan

〈既刊本〉

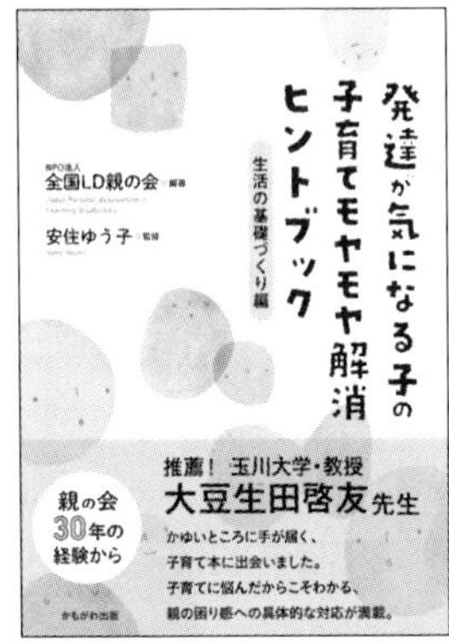

発達が気になる子の子育てモヤモヤ解消ヒントブック
生活の基礎づくり編

NPO法人
全国LD親の会●編著
安住ゆう子●監修

ISBN978-4-7803-1169-3 C0037
A5判・160頁・定価1650円

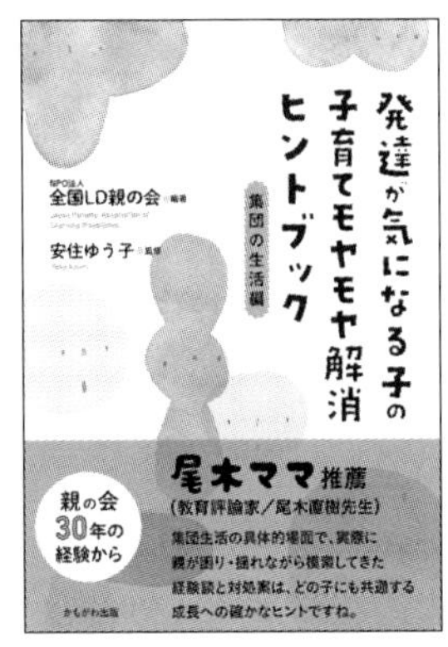

発達が気になる子の子育てモヤモヤ解消ヒントブック
集団の生活編

NPO法人
全国LD親の会●編著
安住ゆう子●監修

ISBN978-4-7803-1190-7 C0037
A5判・160頁・定価1650円